無料 ダウンロード

毎日のドリル

勉強管理アプリ

アプリといっしょだと，ドリルが楽《たの》しく進《すす》む!?

毎日のドリル 勉強管理アプリ

「毎日《まいにち》のドリル」シリーズ専用《せんよう》，スマートフォン・タブレットで使《つか》える無料《むりょう》アプリです。
1つのアプリでシリーズすべてを管理《かんり》でき，学習習慣《がくしゅうしゅうかん》が楽《たの》しく身《み》につきます。

1 「毎日《まいにち》のドリル」の学習《がくしゅう》を徹底《てってい》サポート！

毎日《まいにち》の勉強《べんきょう》タイムをお知《し》らせする
「タイマー」

かかった時間《じかん》を計《はか》る
「ストップウォッチ」

勉強《べんきょう》した日《ひ》を記録《きろく》する
「カレンダー」

入力《にゅうりょく》した得点《とくてん》を
「グラフ化《か》」

2 キャラクターと楽《たの》しく学《まな》べる！

好《す》きなキャラクターを選《えら》ぶことができます。勉強《べんきょう》をがんばるとキャラクターが育《そだ》ち，「ひみつ」や「ワザ」が増《ふ》えます。

3 1冊《さつ》終《お》わると，ごほうびがもらえる！

ドリルが1冊《さつ》終《お》わるごとに，賞状《しょうじょう》やメダル，称号《しょうごう》がもらえます。

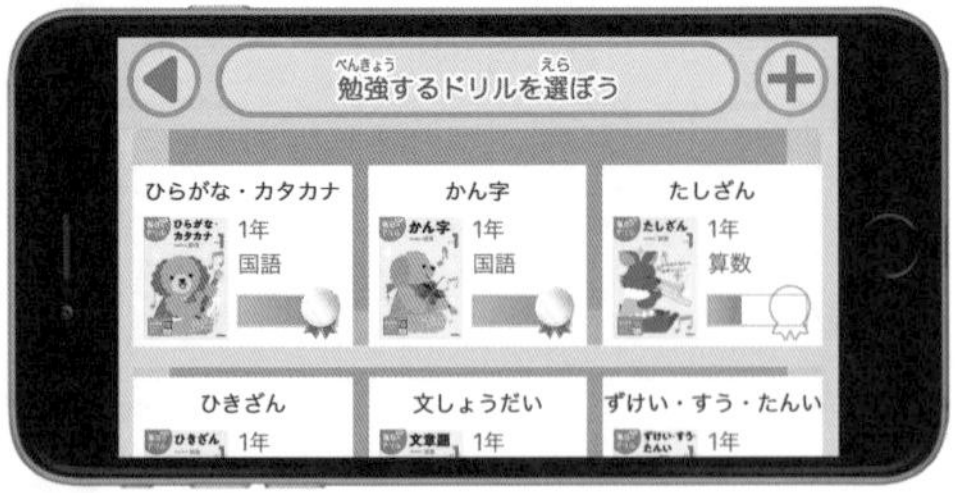

4 漢字《かんじ》と英単語《えいたんご》のゲームにチャレンジ！

ゲームで，どこでも手軽《てがる》に，楽《たの》しく勉強《べんきょう》できます。漢字《かんじ》は学年別《がくねんべつ》，英単語《えいたんご》はレベル別《べつ》に構成《こうせい》されており，ドリルで勉強《べんきょう》した内容《ないよう》の確認《かくにん》にもなります。

アプリの無料《むりょう》ダウンロードはこちらから！

https://gakken-ep.jp/extra/maidori/

【推奨環境】
■ 各種Android端末：対応OS Android6.0以上　※対応OSであっても，Intel CPU（x86 Atom）搭載の端末では正しく動作しない場合があります。
■ 各種iOS（iPadOS）端末：対応OS iOS10以上　※対応OS や対応機種については，各ストアでご確認ください。
※お客様のネット環境および携帯端末によりアプリをご利用できない場合，当社は責任を負いかねます。
また，事前の予告なく，サービスの提供を中止する場合があります。ご理解，ご了承いただきますよう，お願いいたします。

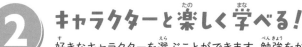

1 良・好・笑・泣

良（7画）

おってはらう

筆順：丶 ㇇ ㇇ ㇇ 皀 皀 良

読み方　音 リョウ　訓 よい

部首　良（うしとら・こんづくり）

使い方　最良《さいりょう》　良好《りょうこう》　良質《りょうしつ》　良心《りょうしん》　良薬《りょうやく》　仲良《なかよ》し

書こう　良

好（6画）

少しつき出す　はねる

筆順：く 女 女 好 好 好

読み方　音 コウ　訓 このむ・すく

部首　好（おんなへん）

使い方　愛好家《あいこうか》　好意《こうい》　好感《こうかん》　好物《こうぶつ》　好《この》み　大好《だいす》き

書こう　好

笑（10画）

「天」としない

筆順：ノ ト ㇑ 竹 竹 竺 竺 笑 笑 笑

読み方　音（ショウ）　訓 わらう・（えむ）

部首　笑（たけかんむり）

使い方　大笑《おおわら》い　苦笑《にがわら》い　笑《わら》い顔《がお》　笑《わら》い声《ごえ》　笑《わら》い事《ごと》　笑《わら》い話《ばなし》

書こう　笑

泣（8画）

たてに少し長く

筆順：丶 冫 氵 氵 汁 汁 泣 泣

読み方　音（キュウ）　訓 なく

部首　泣（さんずい）

使い方　うれし泣《な》き　泣《な》き顔《がお》　泣《な》き声《ごえ》　泣《な》き言《ごと》　泣《な》き虫《むし》

書こう　泣

反対の意味の「笑《わら》う」「泣《な》く」は、漢字もセットで覚《おぼ》えようね。

1 □に漢字を書きましょう。　一つ4点【40点】

① □□《りょうこう》な関係《かんけい》。

② □《りょう》質《しつ》の米。

③ 気分が□《よ》い。

④ 愛《あい》□《こう》家《か》

⑤ □《この》みの味。

⑥ □□《だいす》き

⑦ □□《おおわら》い

⑧ □《わら》い声

⑨ うれし□《な》き

⑩ □《な》き顔

目標《もくひょう》 10分

月　日

とく点　点

2 □にあてはまる漢字を書きましょう。

一つ5点【50点】

① □□《こうかん》がもてる。

② □《な》き声が聞こえる。

③ 最□《さいりょう》の方法《ほうほう》。

④ 仲□《なかよ》しの友達《ともだち》。

⑤ □《わら》い話を聞く。

⑥ □□《こうい》をよせる。

⑦ 妹は□《な》き虫だ。

⑧ □□《りょうやく》は口に苦し

⑨ 大□□《こうぶつ》のカレー。

⑩ □□《りょうしん》にしたがう。

⑩は「両親」ではなく道徳的《どうとくてき》な気持ちのことだよ。

3 ——線の言葉を、漢字と送りがなで（　）に書きましょう。

一つ5点【10点】

① 赤ちゃんが、にっこりわらう。

（　　）

② このみの料理《りょうり》。

（　　）

クイズ

画数のいちばん多い漢字はどれかな？

①好　②泣　③良

答え ▶ 105ページ

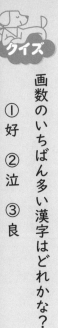

7画

求

一十才才求求求

はねる

| 読み方 | 音 キュウ | 訓 もとめる |

| 部首 | (したみず) |

使い方
求職 求人広告
追い求める 買い求める
追求 要求

書こう
求

11画

敗

「文」としない
つけない

ノ几月月月目目貝貝貝敗敗

| 読み方 | 音 ハイ | 訓 やぶれる |

| 部首 | (ぼくにょう・のぶん) |

使い方
勝敗 全敗
敗者 大敗
敗戦 敗北

書こう
敗

5画

失

ノ〜二失失

つき出す
下が長い

| 読み方 | 音 シツ | 訓 うしなう |

| 部首 | (だい) |

使い方
失業 失点
失望 失敗
失礼 見失う

書こう
失

5画

功

一丁工功功

つき出さない
つき出す

| 読み方 | 音 コウ (ク) | 訓 — |

| 部首 | (ちから) |

使い方
功績
成功
年功
功名
功労者

書こう
功

6画

成

ノ厂厂成成成

はねる

| 読み方 | 音 セイ (ジョウ) | 訓 なる なす |

| 部首 | (ほこ・ほこづくり) |

使い方
完成 成人
賛成 成長
成り立ち 成り行き
成分 成功

書こう
成

1

□に漢字を書きましょう。
一つ4点【40点】

目標 10分
とく点

月　日

点

① 兄に賛［せい］する。

② ［な］り行き

③ ［こう］ろうしゃ 労者

④ 実験［じっけん］［せい］［こう］

⑤ ［しっ］［てん］

⑥ ［み］うしな う

⑦ ［しょう］［はい］

⑧ ［ぜん］［ぱい］

⑨ ［きゅう］［じん］広告 こうこく

⑩ 買い ［もと］める。

2 □にあてはまる漢字を書きましょう。

一つ5点【40点】

① ね上げを要□《ようきゅう》する。

② ゲームで□□《たいはい》する。

③ 体育館が完□《かんせい》する。

④ 薬の□□《せいぶん》。

⑤ これで□□《しつれい》します。

⑥ □□《はいしゃ》復活《ふっかつ》

⑦ □□《しっぱい》をおそれない。

⑧ □《こう》績《せき》を残《のこ》す。

⑧の「こう績」は、世の中のためになるはたらき、手がらのことだよ。

3 ――線の言葉を、漢字と送りがなで（　）に書きましょう。

一つ5点【20点】

① 決勝戦《けっしょうせん》でやぶれる。（　　）

② 漢字のなりたちを調べる。（　　）

③ 自信《じしん》をうしなう。（　　）

④ ゆめをおいもとめる。（　　）

クイズ

「敗」の部首はどれかな？

① ぼくにょう　② ほこ　③ かい

答え ▶ 105ページ

3 冷・静・信・仲・共

目標《もくひょう》 10分

月　日

とく点　　点

冷
7画

「氵」としない　止める

、 冫 冫 冷 冷 冷 冷

読み方
音 レイ
訓 つめたい　ひえる　ひや　ひやす　ひやかす　さめる　さます

部首 冷 (にすい)

使い方
冷水《れいすい》　冷静《れいせい》　冷《れい》ぞう庫《こ》
冷《れい》とう　冷《ひ》やあせ　湯冷《ゆざ》め

書こう

静
14画

つき出す　はねる

一 十 キ 主 青 青 青 青 青 静 静 静 静 静

読み方
音 セイ (ジョウ)
訓 しず　しずか　しずまる　しずめる

部首 静 (あお)

使い方
安静《あんせい》　静止《せいし》　静電気《せいでんき》
静物画《せいぶつが》　静養《せいよう》　平静《へいせい》

書こう

信
9画

ななめに

ノ イ 亻 仁 仨 信 信 信 信

読み方
音 シン
訓 ―

部首 信 (にんべん)

使い方
学級通信《がっきゅうつうしん》　自信《じしん》　信号《しんごう》
信《しん》じる　信用《しんよう》　送信《そうしん》

書こう

仲
6画

止める

ノ イ 亻 仃 仲 仲

読み方
音 (チュウ)
訓 なか

部首 仲 (にんべん)

使い方
仲立《なかだ》ち　仲直《なかなお》り　仲間《なかま》
仲良《なかよ》し

書こう

共
6画

はらう　止める

一 十 廾 廾 共 共

読み方
音 キョウ
訓 とも

部首 共 (はち)

使い方
共学《きょうがく》　共感《きょうかん》　共通《きょうつう》
公共《こうきょう》　共《とも》に　共働《ともばたら》き

書こう

1 □に漢字を書きましょう。
一つ4点【40点】

① れいすい
② ひやあせ
③ せいでんき
④ せいぶつが
⑤ 学級つうしん
⑥ じしんがつく。
⑦ なかなおり
⑧ なかま
⑨ きょうつう点がある。
⑩ とも働《ばたら》き

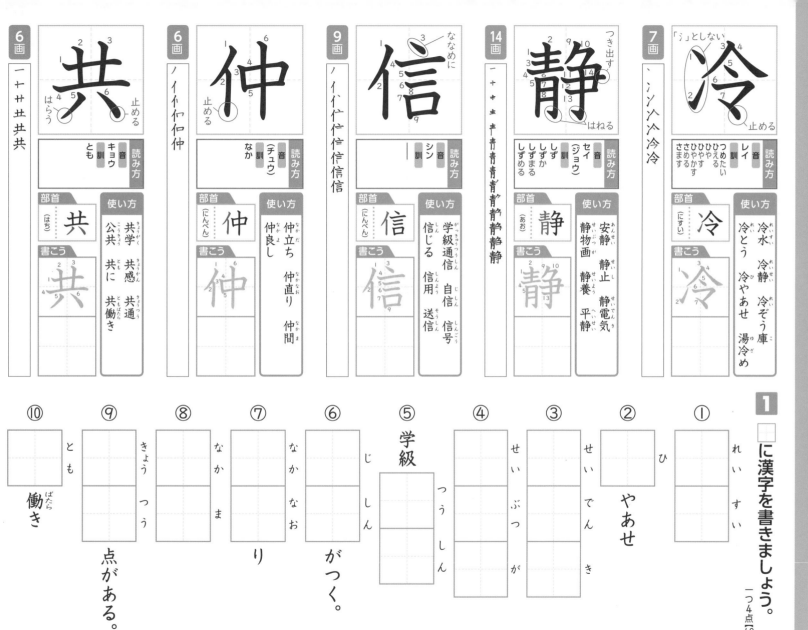

2 □にあてはまる漢字を書きましょう。

一つ5点【45点】

① □□《こうきょう》の建物《たてもの》。

② □□《なかよ》しになる。

③ 新型《しんがた》の□《れい》ぞう庫。

④ メールを□□《そうしん》する。

⑤ □□《れいせい》に考える。

⑥ 友人と□《とも》に旅行する。

⑦ うらないを□《しん》じる。

⑧ □□《あんせい》にする。

⑨ □□《せいし》画像《がぞう》を見る。

3 ——線の言葉を、漢字とひらがなで（　）に書きましょう。

一つ5点【15点】

① つめたい飲み物。（　　）

② スープがさめる。（　　）

③ しずかな教室。（　　）

クイズ

「冷」の読み方が一つだけちがうのはどれかな？

① 冷やあせ　② 湯冷め　③ 冷やし中か

答え ▶ 105ページ

4 希・望・念・願・愛

目標《もくひょう》 10分

月　日

とく点

点

希

7画

つき出す

はねる

読み方　音 キ　訓

部首 希（はば）

使い方
希求《ききゅう》　希少《きしょう》　希望《きぼう》
希望者《きぼうしゃ》　古希《こき》

書こう

望

11画

ややななめに

読み方　音 ボウ（モウ）　訓 のぞむ

部首 望（つき）

使い方
失望《しつぼう》　待望《たいぼう》　熱望《ねつぼう》
望遠鏡《ぼうえんきょう》　要望《ようぼう》　高望《たかのぞ》み

書こう

念

8画

「ㇷ」としない

読み方　音 ネン　訓

部首 念（こころ）

使い方
記念《きねん》　残念《ざんねん》　信念《しんねん》
念願《ねんがん》　念仏《ねんぶつ》　念力《ねんりき》

書こう

願

19画

「十」としない

はねる

読み方　音 ガン　訓 ねがう

部首 願（おおがい・いちのかい）

使い方
願書《がんしょ》　願望《がんぼう》　志願《しがん》
悲願《ひがん》　お願《ねが》い　願《ねが》い事《ごと》

書こう

愛

13画

「⺍」としない

読み方　音 アイ　訓

部首 愛（こころ）

使い方
愛犬《あいけん》　愛情《あいじょう》　愛《あい》する
愛着《あいちゃく》　愛読書《あいどくしょ》　愛用《あいよう》

書こう

1 □に漢字を書きましょう。

一つ4点【40点】

① □（きぼう）者
② □（ぼうえん）鏡《きょう》
③ 要《よう》□（ぼう）
④ □（たかのぞ）み
⑤ □（ねん）仏《ぶつ》
⑥ □（ねんりき）
⑦ □（ひがん）
⑧ お□（ねが）い
⑨ □（あい）情《じょう》
⑩ □（あい）する

2 □にあてはまる漢字を書きましょう。

一つ5点【50点】

① □□《きねん》写真をとる。

② □□《あいけん》と散歩《さんぽ》する。

③ □□《きぼう》をかなえる。

④ 残□《ざんねん》に思う。

⑤ □□《ねんがん》を果《は》たす。

⑥ □□《がんしょ》を出す。

⑦ 強い□□《がんぼう》がある。

⑧ □□《こき》のお祝《いわ》い。

＊こき…七十才のこと。

⑨ 結果《けっか》に□□《しつぼう》する。

⑩ □□《きしょう》なこん虫。

「きしょう」の「き」には「すくない、めずらしい」という意味もあるよ。

3 ――線の言葉を、漢字と送りがなで（　）に書きましょう。

一つ5点【10点】

① 合格《ごうかく》を__のぞむ__。（　　）

② 幸せを__ねがう__。（　　）

クイズ

画数のいちばん少ない漢字はどれかな？

①希　②念　③望

答え ▶ 105ページ

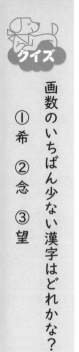

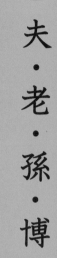

5 夫・老・孫・博

目標《もくひょう》 10分

月　日

とく点

点

夫 4画

一 二 チ 夫

上より長く

読み方 音 フ（フウ） 訓 おっと

部首 夫（だい）

書こう

使い方 漁夫《ぎょふ》 水夫《すいふ》 農夫《のうふ》 夫妻《ふさい》 夫人《ふじん》

老 6画

一 十 土 耂 耂 老

はねる

読み方 音 ロウ 訓 おいる（ふける）

部首 老（おい）

書こう

使い方 けい老《ろう》 長老《ちょうろう》 老化《ろうか》 老後《ろうご》 老人《ろうじん》 年老《としお》いる

孫 10画

フ 了 子 孑 孑 孫 孫 孫 孫 孫

右上へはらう

読み方 音 ソン 訓 まご

部首 孫（こへん）

書こう

使い方 子孫《しそん》 初孫《はつまご》 ひ孫《まご》 孫子《まごこ》 孫の手《て》 孫《まご》むすめ

博 12画

一 十 忄 忄 忄 忄 忄 忄 忄 忄 博 博

わすれない

はねる

読み方 音 ハク（バク） 訓 ―

部首 博（じゅう）

書こう

使い方 博愛《はくあい》 博学《はくがく》 博士《はくし》《はかせ》 博識《はくしき》 博物館《はくぶつかん》 博《はく》らん会《かい》

「老《お》いる」の送りがなに気をつけようね。

1 □に漢字を書きましょう。 一つ4点【40点】

① □□《すいふ》

② □□《のうふ》

③ □《おっと》と出かける。

④ □□《ろうご》

⑤ □□《ろうじん》

⑥ □《とし》□《お》いる。

⑦ □□《しそん》

⑧ □《まご》の手

⑨ □□□《はくぶつかん》

⑩ □《はく》らん会

2 □にあてはまる漢字を書きましょう。

一つ5点【60点】

① 体が□□《ろうか》する。

② □《お》いた犬の世話。

③ 明日は、けい□《ろう》の日だ。

④ 医がく□《はく》士《し》

⑤ 漁□《ぎょふ》が海に出る。

⑥ 村の□□《ちょうろう》。

⑦ □□《しそん》が栄《さか》える。

⑧ □□《はくあい》の精神《せいしん》。

＊はくあい…広い気持ちで平等にあいすること。

⑨ 初□《はつまご》のたん生を祝《いわ》う。

⑩ □□《はくがく》な人の話はおもしろい。

⑪ □□《まごこ》の代まで平和を願《ねが》う。

⑫ キュリー□□《ふじん》の伝記《でんき》。

「ふじん」とは、「おっと」のいる女性《じょせい》をうやまう言い方だよ。

クイズ

「孫」は何画で書くかな？

①10画 ②11画 ③12画

答え ▶ 105ページ

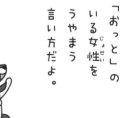

6 児・徒・席・順・札

目標《もくひょう》 10分

月　日

とく点　　点

児（7画）

はらう　はねる

読み方　音 ジ（ニ）　訓 ―

部首　儿（にんにょう・ひとあし）

使い方　育児《いくじ》　園児《えんじ》　児童《じどう》　児童館《じどうかん》　よう児《じ》

書こう　児

徒（10画）

上より長く

読み方　音 ト　訓 ―

部首　彳（ぎょうにんべん）

使い方　生徒《せいと》　徒競走《ときょうそう》　徒歩《とほ》　徒労《とろう》

書こう　徒

席（10画）

はらう　はねる

読み方　音 セキ　訓 ―

部首　巾（はば）

使い方　客席《きゃくせき》　空席《くうせき》　指定席《していせき》　出席《しゅっせき》　席順《せきじゅん》　着席《ちゃくせき》

書こう　席

順（12画）

はらう　「ヒ」としない

読み方　音 ジュン　訓 ―

部首　頁（おおがい・いちのかい）

使い方　順位《じゅんい》　順調《じゅんちょう》　順番《じゅんばん》　手順《てじゅん》　筆順《ひつじゅん》　道順《みちじゅん》

書こう　順

札（5画）

止める　はねる

読み方　音 サツ　訓 ふだ

部首　木（きへん）

使い方　札束《さつたば》　千円札《せんえんさつ》　表札《ひょうさつ》　切り札《ふだ》　立て札《ふだ》　名札《なふだ》

書こう　札

1 □に漢字を書きましょう。

一つ4点【40点】

① いくじ

② じどう

③ せいと

④ と　競走《きょうそう》

⑤ きゃくせき

⑥ しゅっせき

⑦ じゅんばん

⑧ みちじゅん

⑨ さつ　束《たば》

⑩ 立て　ふだ

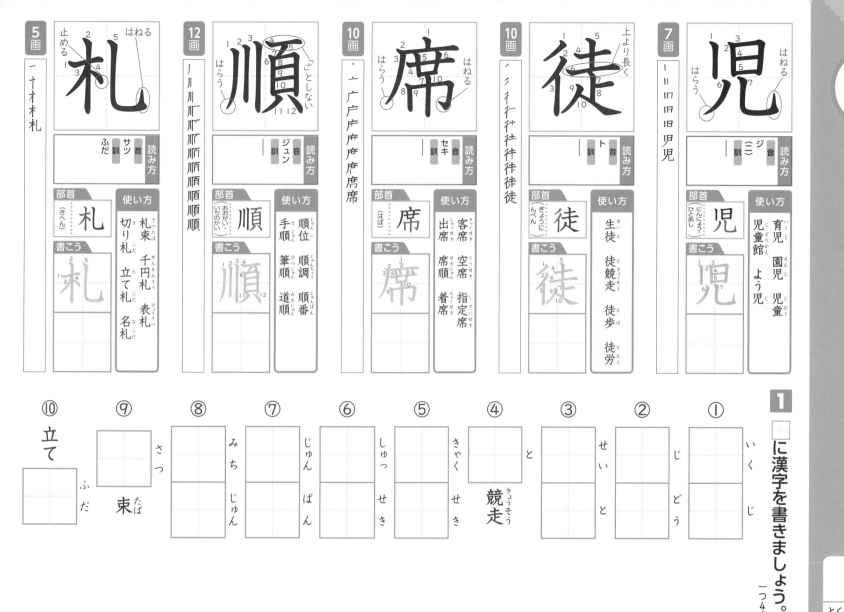

2 □にあてはまる漢字を書きましょう。

一つ5点【60点】

① □□《せきじゅん》を決める。

② 駅まで□□《とほ》五分。

③ □□□《じどうかん》で遊ぶ。

④ □□《えんじ》のお遊ぎ。

⑤ 新幹線《しんかんせん》の□□□《していせき》。

⑥ □□《なふだ》を付《つ》ける。

⑦ 門柱の□□《ひょうさつ》。

⑧ 漢字の□□《ひつじゅん》。

⑨ 静《しず》かに□□《ちゃくせき》する。

⑩ 電車内で□□《くうせき》をさがす。

⑪ □□《てじゅん》を説明《せつめい》する。

⑫ 高速道路の工事が□□《じゅんちょう》に進む。

クイズ

一つだけ画数がちがう漢字はどれかな？

① 徒　② 順　③ 席

答え ▶ 105ページ

7 かくにんテスト①

名前

目標《もくひょう》 15分

月　日

とく点　点

1 □にあてはまる漢字を書きましょう。　一つ4点【40点】

① 成績《せいせき》は□□《りょうこう》だ。

② □□《せきじゅん》を決める。

③ 平和を□□《ききゅう》する。
＊ききゅう…強くねがいもとめること。

④ □《はく》識《しき》な作家。
＊はくしき…広く物事を知っていること。物知り。

⑤ □□《しんねん》をもつ。

⑥ 魚を□《れい》とうする。

⑦ 松井《まつい》□《ふ》妻《さい》と会う。

⑧ □□《ろうご》のくらし。

⑨ 兄の話に□□《きょうかん》する。

⑩ □労《とろう》に終わる。
＊とろう…むだに苦ろうすること。

2 ――線の言葉を、漢字と送りがなで（　）に書きましょう。　一つ4点【8点】

① 室内がしずまる。
（　　）

② 交しょうのなかだちをたのむ。
（　　）

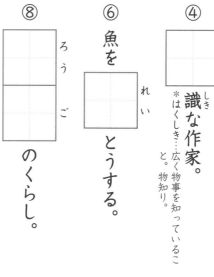

3 ―線の、漢字の読みがなを書きましょう。

一つ4点【24点】

① わたしの愛読書。（　　）

② 孫むすめ（　　）

③ 泣き言をならべる。（　　）

④ 苦笑いする。（　　）

⑤ よう児向けの絵本。（　　）

⑥ 友達《ともだち》を信用する。（　　）

4 ―線の、漢字の読みがなを書きましょう。

一つ2点【16点】

①
- 千円札を出す。（　　）
- 代打の切り札。（　　）

②
- 長年の願望。（　　）
- 望みがかなう。（　　）

③
- 失業する。（　　）
- ボールを見失う。（　　）

④
- 敗北をみとめる。（　　）
- 大差《たいさ》で敗れる。（　　）

5 □に、同じ読み方で意味のちがう漢字を書きましょう。

一つ3点【12点】

①
- □（こう）物のフルーツ。
- □（こう）名《みょう》を上げる。

＊こうみょう…手がら。

②
- 平□（せい）をたもつ。
- 完《かん》□（せい）する。

答え ▶ 105ページ

8 単・位・径・覚・例

目標《もくひょう》 10分

月　日

とく点

点

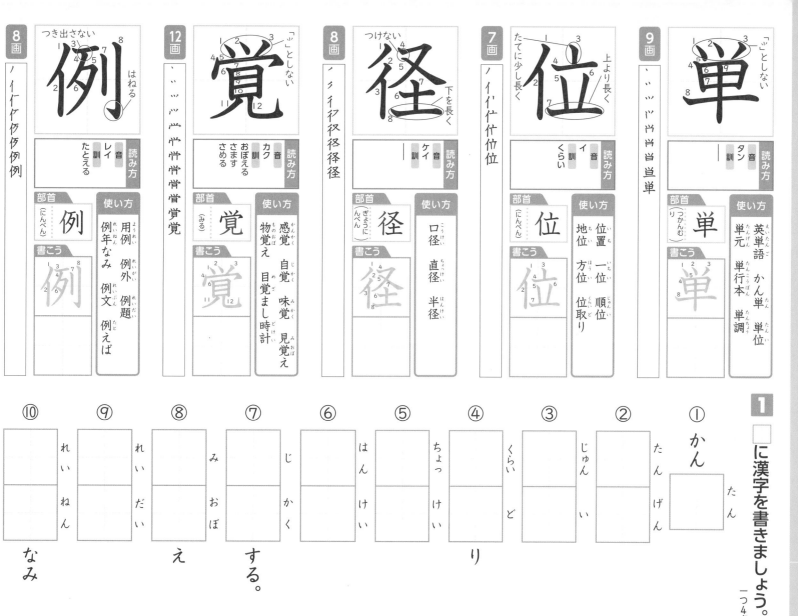

単

9画

「⺍」としない

筆順: 丶 丷 ⺍ 𭕄 𠁣 𠁥 尚 単 単

読み方: 音 タン ／ 訓 —

部首: 単（つかんむり）

使い方: 英単語《えいたんご》　かん単《たん》　単位《たんい》　単元《たんげん》　単行本《たんこうぼん》　単調《たんちょう》

書こう: 単

位

7画

たてに少し長く／上より長く

筆順: ノ 亻 亻 仁 什 位 位

読み方: 音 イ ／ 訓 くらい

部首: 位（にんべん）

使い方: 位置《いち》　一位《いちい》　順位《じゅんい》　地位《ちい》　方位《ほうい》　位取《くらいど》り

書こう: 位

径

8画

つけない／下を長く

筆順: ノ ク 彳 彳 彳 径 径 径

読み方: 音 ケイ ／ 訓 —

部首: 径（ぎょうにんべん）

使い方: 口径《こうけい》　直径《ちょっけい》　半径《はんけい》

書こう: 径

覚

12画

「⺍」としない

筆順: 丶 丷 ⺍ 𭕄 ⺌ 𫩏 ⺫ 覚 覚 覚 覚 覚

読み方: 音 カク ／ 訓 おぼえる　さます　さめる

部首: 覚（みる）

使い方: 感覚《かんかく》　自覚《じかく》　味覚《みかく》　見覚《みおぼ》え　物覚《ものおぼ》え　目覚《めざ》まし時計《どけい》

書こう: 覚

例

8画

つき出さない／はねる

筆順: ノ 亻 仁 仃 伢 伢 例 例

読み方: 音 レイ ／ 訓 たとえる

部首: 例（にんべん）

使い方: 用例《ようれい》　例外《れいがい》　例題《れいだい》　例年《れいねん》なみ　例文《れいぶん》　例《たと》えば

書こう: 例

1 □に漢字を書きましょう。

一つ4点【40点】

① かん□《たん》

② □□《たんげん》

③ □□《じゅんい》

④ □□《くらいど》り

⑤ □□《ちょっけい》

⑥ □□《はんけい》

⑦ □□《じかく》する。

⑧ □□《みおぼ》え

⑨ □□《れいだい》

⑩ □□《れいねん》なみ

2 □にあてはまる漢字を書きましょう。

一つ5点【45点】

① □□《たんちょう》な作業。

② 指先の□□《かんかく》。

③ 長さを表す□□《たんい》。

④ □□《れいぶん》を読む。

⑤ □□《ほうい》を定める。

⑥ 駅の□《い》置《ち》。

⑦ □□《ようれい》をしめす。

⑧ □□《みかく》の秋。

⑨ 大□□《こうけい》のレンズ。

＊こうけい…つつじょうの物のくちの直けい。

3 ——線の言葉を、漢字と送りがなで（　）に書きましょう。

一つ5点【15点】

① 目がさめる。（　　）

② 花にたとえる。（　　）

③ 漢字をおぼえる。（　　）

クイズ

訓《くん》読《よ》みのない漢字はどれかな？

①径　②位　③例

答え ▶ 106ページ

9 祝・辞・典・訓・英

目標《もくひょう》 10分

月　日

とく点

点

祝　9画

「ネ」としない

はねる

読み方　音 シュク （シュウ）　訓 いわう

部首　祝（しめすへん）

使い方　祝賀会《しゅくがかい》　祝辞《しゅくじ》　祝日《しゅくじつ》　祝電《しゅくでん》　祝福《しゅくふく》　入学祝《にゅうがくいわ》い

書こう　祝

辞　13画

たてに打つ

右から左下へはらう

読み方　音 ジ　訓 （やめる）

部首　辞（からい）

使い方　国語辞典《こくごじてん》　辞書《じしょ》　辞職《じしょく》　辞《じ》たい　辞表《じひょう》　答辞《とうじ》

書こう　辞

典　8画

つき出す

読み方　音 テン　訓

部首　典（はち）

使い方　漢字辞典《かんじじてん》　古典《こてん》　祭典《さいてん》　式典《しきてん》　典型的《てんけいてき》　百科事典《ひゃっかじてん》

書こう　典

訓　10画

やや短め

読み方　音 クン　訓

部首　訓（ごんべん）

使い方　音訓《おんくん》　家訓《かくん》　教訓《きょうくん》　訓読《くんよ》み　訓練《くんれん》　特訓《とっくん》

書こう　訓

英　8画

つき出す

はらう

読み方　音 エイ　訓

部首　英（くさかんむり）

使い方　英会話《えいかいわ》　英語《えいご》　英国《えいこく》　英才《えいさい》　英字新聞《えいじしんぶん》　英文《えいぶん》

書こう　英

1 □に漢字を書きましょう。

一つ4点【40点】

① □（しゅくじつ）

② 入学□（いわ）い

③ 国語□（じてん）

④ □（じしょ）

⑤ □（こてん）

⑥ 百科□（じてん）

⑦ □（くんれん）

⑧ 特《とっ》□（くん）

⑨ □（えいかいわ）

⑩ □（えいじ）新聞

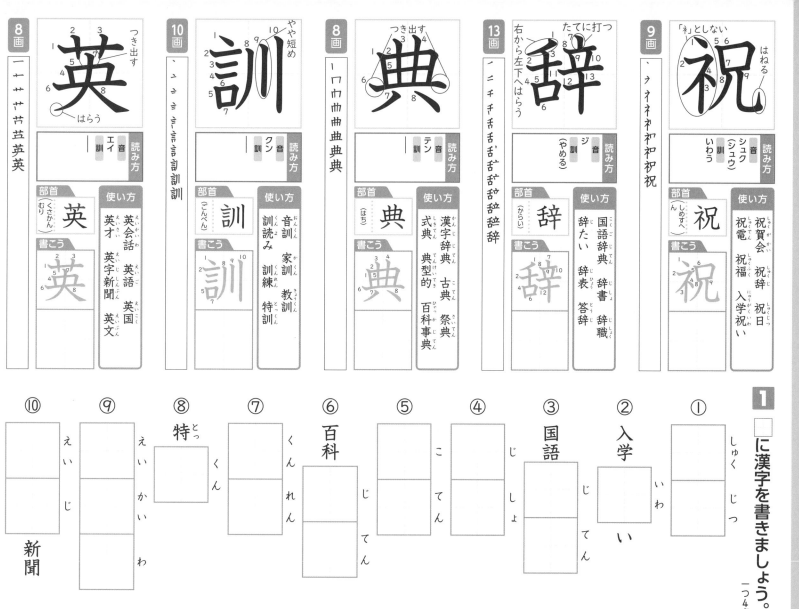

2 □にあてはまる漢字を書きましょう。

一つ5点【60点】

① □□《えいご》を学ぶ。

② たん生日を□《いわ》う。

③ 漢字の□□《くんよ》み。

④ □□《えいぶん》をやくす。

⑤ 出場を□《じ》たいする。

⑥ □□《じひょう》を出す。

＊じひょう…つとめをやめるとき、そのわけを書いて出すぶん書。

⑦ スポーツの□□《さいてん》。

⑧ □□《しゅくでん》を打つ。

⑨ 失敗《しっぱい》を□□《きょうくん》にする。

⑩ 町の記念《きねん》□□《しきてん》に出席《しゅっせき》する。

⑪ 全国大会ゆう勝の□賀□《しゅくがかい》を開く。

⑫ □《てん》型的《けいてき》な日本の朝食。

＊てん型的…その特《とく》ちょうをよく表しているさま。

おいわいのでんぽうを「しゅくでん」というよ。

クイズ

画数のいちばん多い漢字はどれかな？

① 祝　② 英　③ 典

答え ▷ 106ページ

10 結・果・観・察・完

結 12画

下より長く

読み方　音 ケツ　訓 むすぶ　(ゆう)　(ゆわえる)

部首　糸（いとへん）

使い方　結果《けっか》　結局《けっきょく》　結末《けつまつ》　結《けっ》ろん　結《むす》び付く　結《むす》び目《め》

書こう　結

果 8画

止める

読み方　音 カ　訓 はたす　はてる　はて

部首　木（き）

使い方　果実《かじつ》　果《か》じゅ園《えん》　果肉《かにく》　効果《こうか》　成果《せいか》　地《ち》の果《は》て

書こう　果

観 18画

つき出さない　はねる

読み方　音 カン　訓

部首　見（みる）

使い方　観客《かんきゃく》　観光地《かんこうち》　観察《かんさつ》　観戦《かんせん》　参観《さんかん》　楽観《らっかん》

書こう　観

察 14画

つけない　はねる

読み方　音 サツ　訓

部首　宀（うかんむり）

使い方　けい察《さつ》　考察《こうさつ》　察知《さっち》　しん察《さつ》けん　すい察《さつ》

書こう　察

完 7画

たてに打つ　はねる

読み方　音 カン　訓

部首　宀（うかんむり）

使い方　完結《かんけつ》　完勝《かんしょう》　完全《かんぜん》　完走《かんそう》　完敗《かんぱい》　未完成《みかんせい》

書こう　完

1 □に漢字を書きましょう。

一つ4点【40点】

① □□《けっきょく》

② □《むす》び目

③ ももの□□《かにく》。

④ 地の□《は》て。

⑤ □□《かんきゃく》

⑥ □□□《かんこうち》

⑦ けい□《さつ》

⑧ しん□《さつ》けん

⑨ □□《かんぜん》

⑩ 未《み》□□《かんせい》

目標《もくひょう》 10分

月　日

とく点　点

2 □にあてはまる漢字を書きましょう。

一つ5点【45点】

① □《けつ》ろんをのべる。

② きけんを□□《さっち》する。

③ 野球□戦《かんせん》

④ □《か》じゅ園に行く。

⑤ 授業《じゅぎょう》参□《さんかん》がある。

⑥ 投票《とうひょう》□□《けっか》の発表。

⑦ 練習の□□《せいか》。

⑧ レースで□□《かんそう》する。

⑨ 問題点を□□《こうさつ》する。

＊こうさつ…よく調べて、かんがえること。

⑧の文では「感想」は合わないね。

3 ——線の言葉を、漢字と送りがなで（　）に書きましょう。

一つ5点【15点】

① 約束《やくそく》をはたす。（　　）

② くつひもをむすぶ。（　　）

③ 命がはてる。（　　）

クイズ

「観」は何画で書くかな？

① 17画　② 18画　③ 19画

答え ▶ 106ページ

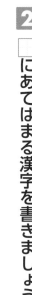

11 試・験・器・機・械

試　13画

読み方　音 シ　訓 こころみる (ためす)

部首　試 (ごんべん)

使い方　試合《しあい》　試運転《しうんてん》　試作《しさく》　試食《ししょく》　試着《しちゃく》　入試《にゅうし》

書こう

験　18画

読み方　音 ケン (ゲン)　訓 ―

部首　験 (うまへん)

使い方　経験《けいけん》　試験《しけん》　実験《じっけん》　受験《じゅけん》　体験《たいけん》

書こう

器　15画

読み方　音 キ　訓 (うつわ)

部首　器 (くち)

使い方　楽器店《がっきてん》　器官《きかん》　器具《きぐ》　器用《きよう》　消火器《しょうかき》　食器《しょっき》

書こう

機　16画

読み方　音 キ　訓 (はた)

部首　機 (きへん)

使い方　機会《きかい》　機械《きかい》　機関車《きかんしゃ》　機長《きちょう》　機転《きてん》　飛行機《ひこうき》

書こう

械　11画

読み方　音 カイ　訓 ―

部首　械 (きへん)

使い方　器械《きかい》　機械化《きかいか》　器械体《きかいたい》そう

書こう

目標《もくひょう》 10分

月　日

とく点　点

1 □に漢字を書きましょう。

一つ4点【40点】

① □□《しあい》

② □□《しちゃく》

③ □□《じゅけん》

④ □□《たいけん》

⑤ □□□《しょうかき》

⑥ 銀の□□《しょっき》。

⑦ □《き》関車《かんしゃ》

⑧ 飛行《ひこう》□《き》

⑨ □□□《きかいか》

⑩ □□《きかい》体そう

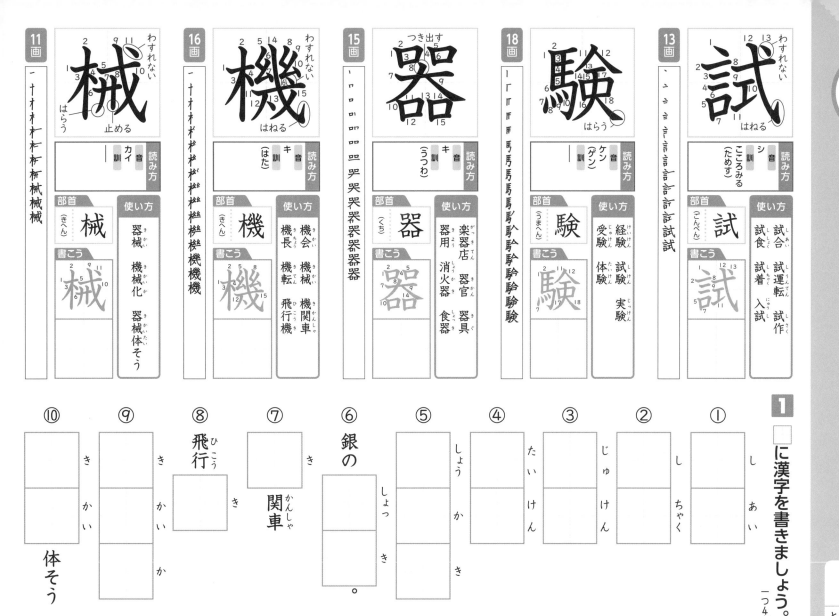

2 □にあてはまる漢字を書きましょう。

一つ5点【60点】

① ケーキを□《し》□《しょく》する。

② 車の□《し》□《うん》□《てん》。

③ 絶好《ぜっこう》の□《き》□《かい》。
＊きかい…何かを行うのにちょうどよい時。チャンス。

④ □《き》□《かい》を動かす。
＊きかい…動力そうちをつけたもの。

⑤ □《し》□《さく》のロボット。

⑥ 科学の□《じっ》□《けん》。

⑦ かん単《たん》な□《き》□《かい》。
＊きかい…しくみのかん単な道具。

⑧ □《き》□《てん》をきかせる。
＊きてん…その場におうじた適切《てきせつ》な心のはたらき。

⑨ 失敗《しっぱい》の経《けい》□《けん》を生かす。

⑩ 姉は手先がとても□《き》□《よう》だ。

⑪ 生物の消化□《き》官《かん》。

⑫ 料《りょう》理《り》用《よう》の□《き》□《ぐ》をそろえる。

クイズ
「きかい体そう」の「きかい」はどれかな？
① 機会　② 機械　③ 器械

答え ▶ 106ページ

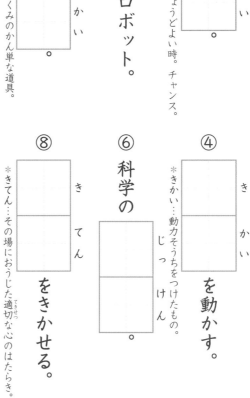

12 給・課・唱・芸・卒

給（12画）

あける

く 幺 幺 糸 糸 糸 紒 紒 紒 給 給 給

読み方 音 キュウ 訓

部首 給（いとへん）

使い方 給食《きゅうしょく》 給油《きゅうゆ》 給料日《きゅうりょうび》 月給《げっきゅう》 自給自足《じきゅうじそく》 配給《はいきゅう》

書こう 給

課（15画）

つき出さない　止める

丶 亠 亠 亖 言 言 言 訁 訂 訂 訶 評 評 課 課

読み方 音 カ 訓

部首 課（ごんべん）

使い方 課外《かがい》 課題《かだい》 課題曲《かだいきょく》 課目《かもく》 日課《にっか》 放課後《ほうかご》

書こう 課

唱（11画）

真ん中より上に　上よりやや大きく

丨 口 口 口 叩 叩 叩 叩 唱 唱 唱

読み方 音 ショウ 訓 となえる

部首 唱（くちへん）

使い方 暗唱《あんしょう》 合唱《がっしょう》 唱歌《しょうか》 独唱《どくしょう》 二重唱《にじゅうしょう》 復唱《ふくしょう》

書こう 唱

芸（7画）

上より長く

一 十 艹 艹 芏 芸 芸

読み方 音 ゲイ 訓

部首 芸（くさかんむり）

使い方 学芸会《がくげいかい》 曲芸《きょくげい》 芸術《げいじゅつ》 芸人《げいにん》 芸能人《げいのうじん》 民芸《みんげい》

書こう 芸

卒（8画）

たてに打つ　「从」としない

丶 亠 亠 亣 亣 亦 卆 卒

読み方 音 ソツ 訓

部首 卒（じゅう）

使い方 新卒《しんそつ》 卒園《そつえん》 卒業《そつぎょう》 卒業式《そつぎょうしき》 卒業生《そつぎょうせい》

書こう 卒

目標《もくひょう》 10分

月　日

とく点　点

1 □に漢字を書きましょう。 一つ4点【40点】

① □□（きゅうゆ）

② □（きゅう）料日《りょうび》

③ □□（にっか）

④ □□□（ほうかご）

⑤ 詩の□□（あんしょう）。

⑥ 復《ふく》□（しょう）する。

⑦ □（げい）術《じゅつ》

⑧ □（げい）能人《のうじん》

⑨ □□（そつえん）

⑩ □□□（そつぎょうしき）

2 □にあてはまる漢字を書きましょう。

一つ5点【60点】

① □□《かがい》活動のクラブ。

② おきょうを□《とな》える。

③ □□□《がくげいかい》の主役。

④ □□《がっしょう》コンクール

⑤ □□□《かだいきょく》を歌う。

⑥ 熊《くま》の□□《きょくげい》。

⑦ □□□《そつぎょうせい》代表

⑧ □□□□《じきゅうじそく》

＊じきゅうじそく…必要《ひつよう》な物を、じぶんで作って間に合わせること。

⑨ □□《しんそつ》の先せい。

⑩ □□《きゅうしょく》当番

⑪ 一人で歌う独《どく》□《しょう》パート。

⑫ えい画の□□《はいきゅう》会社。

＊はいきゅう…くばったり、かし出したりすること。

クイズ

宿題の意味の「かだい」を漢字で書くとどれかな？

①果題　②化題　③課題

答え ▷ 106ページ

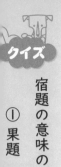

13 固・約・束・必・要

目標《もくひょう》 10分

月　日

とく点

点

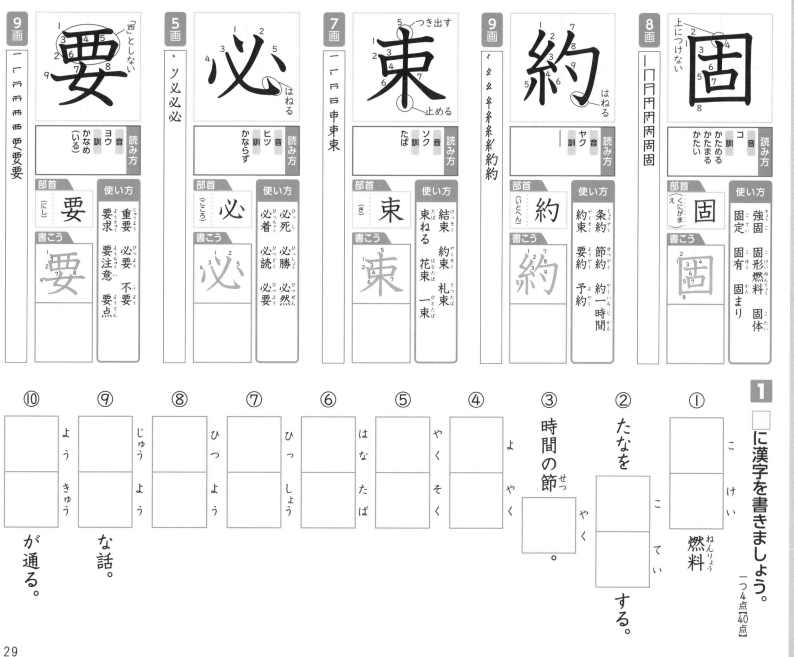

固（8画）

上につけない

丨冂冃冃冄冋固固

読み方
音　コ
訓　かためる　かたまる　かたい

部首　囗（くにがまえ）

使い方
強固《きょうこ》　固形燃料《こけいねんりょう》　固体《こたい》
固定《こてい》　固有《こゆう》　固《かた》まり

書こう

約（9画）

はねる

く　幺　幺　糸　糸　糸　糿　約　約

読み方
音　ヤク
訓　―

部首　糸（いとへん）

使い方
条約《じょうやく》　節約《せつやく》　約一時間《やくいちじかん》
約束《やくそく》　要約《ようやく》　予約《よやく》

書こう

束（7画）

つき出す
止める

一　𠃌　𠮛　𠮛　申　束　束

読み方
音　ソク
訓　たば

部首　木（き）

使い方
結束《けっそく》　約束《やくそく》　札束《さつたば》
束《たば》ねる　花束《はなたば》　一束《ひとたば》

書こう

必（5画）

はねる

丶　ソ　义　必　必

読み方
音　ヒツ
訓　かならず

部首　心（こころ）

使い方
必死《ひっし》　必勝《ひっしょう》　必然《ひつぜん》
必着《ひっちゃく》　必読《ひつどく》　必要《ひつよう》

書こう

要（9画）

「西」としない

一　𠃌　襾　襾　襾　覀　覀　要　要

読み方
音　ヨウ
訓　かなめ　（いる）

部首　襾（にし）

使い方
重要《じゅうよう》　必要《ひつよう》　不要《ふよう》
要求《ようきゅう》　要注意《ようちゅうい》　要点《ようてん》

書こう

1 □に漢字を書きましょう。　一つ4点【40点】

① □□（こけい）燃料《ねんりょう》

② たなを□□（こてい）する。

③ 時間の節《せつ》□（やく）。

④ □□（よやく）

⑤ □□（やくそく）

⑥ □□（はなたば）

⑦ □□（ひっしょう）

⑧ □□（ひつよう）

⑨ □□（じゅうよう）な話。

⑩ □□（ようきゅう）が通る。

2 □にあてはまる漢字を書きましょう。

ひとつ5点【45点】

① □□《ようやく》して話す。

＊ようやく…内容《ないよう》を短くまとめること。

② □□□□《やくいちじかん》

③ ねぎを□□《ひとたば》買う。

④ □□《ひっし》に走る。

⑤ □□《きょうこ》ない志《し》。

⑥ この本は□□《ひつどく》だ。

⑦ 日本□□《こゆう》の文化。

⑧ □□□《ようちゅうい》人物

⑨ チームの□《かなめ》になる。

⑨「かなめ」は中心ということだよ。「ひつよう」という言葉を思い出してね。

3 ――線の言葉を、漢字と送りがなで（　）に書きましょう。

ひとつ5点【15点】

① 地面を<u>かためる</u>。（　　）

② <u>かならず</u>かぎをかける。（　　）

③ <u>かたい</u>友情《ゆうじょう》で結《むす》ばれる。（　　）

クイズ

「必」はどこから書きはじめる？

①必　②必　③必

答え ▶ 106ページ

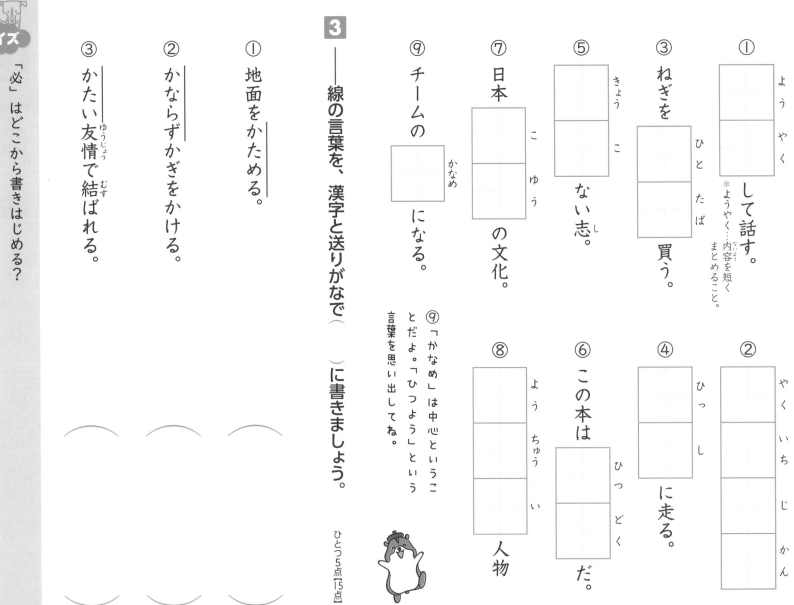

14 かくにんテスト②

名前

目《もく》標《ひょう》 15分

月　日

とく点　　点

1 □にあてはまるかんじを書きましょう。　一つ4点【48点】

① □□《しゅくじ》をのべる。

② 大型《おおがた》の□□《きかい》。

③ 植物の□□《かんさつ》。

④ クラスが□□《けっそく》する。

⑤ □□□□《かんじじてん》

⑥ 雨具が□□《ひつよう》だ。

⑦ □□《しけん》問題をとく。

⑧ □□《げっきゅう》をもらう。

⑨ □□《かだい》図書を読む。

⑩ 条《じょう》□《やく》をかわす。

⑪ 円の□□《ちょっけい》を計る。

⑫ ゼリーが□《かた》まる。

2 ——線の言葉を、かんじと送りがなで（　）に書きましょう。　一つ5点【10点】

① 目を<u>さます</u>。（　　）

② 説得《せっとく》を<u>こころみる</u>。（　　）

3 ――線の、漢字の読みがなを書きましょう。

一つ3点【24点】

① 例外もある。（　　）
　 例えばの話。（　　）

② 一位でゴールする。（　　）
　 百の位。（　　）

③ 果実酒（　　）
　 世界の果て。（　　）

④ 二重唱で歌う。（　　）
　 じゅもんを唱える。（　　）

4 ――線の、漢字の読みがなを書きましょう。

一つ2点【18点】

① わが家の家訓。（　　）

② 五話完結のドラマ。（　　）

③ お笑《わら》い芸人（　　）

④ 英単語を覚《おぼ》える。（　　）

⑤ 楽器店で働《はたら》く。（　　）

⑥ 小学校を卒業する。（　　）

⑦ 民芸品を作る。（　　）

⑧ 大学の入試問題。（　　）

⑨ 単行本を買う。（　　）

答え ▶ 106ページ

15 松・梅・芽・菜・種

目標《もくひょう》 10分

月　日

とく点

点

松　8画

一 十 オ 木 朩 杁 松 松

止める　「ハ」としない

読み方　音 ショウ　訓 まつ

部首　松（きへん）

書こう　松

使い方　松竹梅《しょうちくばい》　松《まつ》かざり　松《まつ》たけ　松葉《まつば》　松林《まつばやし》　松《まつ》ぼっくり

梅　10画

一 十 オ 木 朩 杧 杦 梅 梅 梅

止める　はねる

読み方　音 バイ　訓 うめ

部首　梅（きへん）

書こう　梅

使い方　入梅《にゅうばい》　梅雨《ばいう》　梅林《ばいりん》　梅酒《うめしゅ》　梅《うめ》ぼし　梅見《うめみ》

芽　8画

一 十 艹 艹 芏 芽 芽 芽

はねる

読み方　音 ガ　訓 め

部首　芽（くさかんむり）

書こう　芽

使い方　ばく芽《が》　発芽《はつが》　新芽《しんめ》　芽生《めば》え　芽生《めば》える

菜　11画

一 十 艹 艹 苎 苎 苎 苎 苹 菜 菜

「釆」としない

読み方　音 サイ　訓 な

部首　菜（くさかんむり）

書こう　菜

使い方　菜園《さいえん》　山菜《さんさい》　白菜《はくさい》　野菜《やさい》　菜種油《なたねあぶら》　菜《な》の花《はな》

種　14画

一 二 千 禾 禾 禾 秆 秆 秱 秱 稙 種 種 種

止める

読み方　音 シュ　訓 たね

部首　種（のぎへん）

書こう　種

使い方　種子《しゅし》　種目《しゅもく》　種類《しゅるい》　人種《じんしゅ》　品種《ひんしゅ》　火種《ひだね》

1 □に漢字を書きましょう。

一つ4点【40点】

① □《まつ》□《ばやし》

② □《まつ》ぼっくり

③ □《ばい》□《りん》

④ □《うめ》ぼし

⑤ □《はつ》□《が》

⑥ □《め》□《ば》え

⑦ □《はく》□《さい》

⑧ □《な》の花

⑨ □《じん》□《しゅ》

⑩ □《ひ》□《だね》

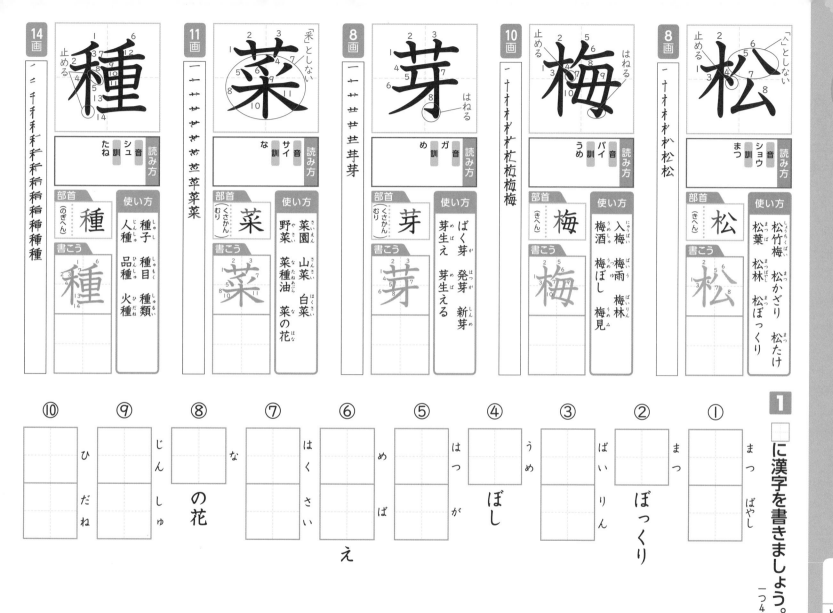

2 □にあてはまる漢字を書きましょう。

一つ5点【60点】

① □□《ひんしゅ》改良《かいりょう》された花。

② □□《まつば》づえ

③ □□《ばいう》の季節《きせつ》。

④ □□《うめしゅ》を作る。

⑤ □《まつ》たけ料理《りょうり》

⑥ ばらの□□《しんめ》。

⑦ 畑の□□《やさい》。

⑧ 家庭□□《さいえん》

⑨ 運動会の□□《しゅもく》。

⑩ 正月に□□□《しょうちくばい》をかざる。

⑪ □□□《なたねあぶら》を使って料理する。

⑫ ばく□《が》はビールの原料だ。

＊ばくが…大麦を水にひたし、めを出させてかわかしたもの。ビールやあめなどを作るときに使う。

③「ばいう」はうめの実がなる六月から七月にかけてふり続《つづ》くあめからついたことばだよ。

クイズ

「種」の読み方が一つだけちがうのはどれかな？

① 人種　② 火種　③ 種子

答え ▶ 107ページ

16 牧・産・害・陸・漁

目標《もくひょう》 10分

月　日

とく点　　点

牧　8画

「攵」としない

読み方　音 ボク　訓 (まき)

部首　牧 (うしへん)

使い方　放牧《ほうぼく》　牧師《ぼくし》　牧場《ぼくじょう》　牧草《ぼくそう》　遊牧《ゆうぼく》

書こう

産　11画

たてに打つ

読み方　音 サン　訓 うむ　うまれる　(うぶ)

部首　産 (うまれる)

使い方　国産《こくさん》　財産《ざいさん》　産業《さんぎょう》　産地《さんち》　出産《しゅっさん》　生産《せいさん》

書こう

害　10画

たてに打つ

ほかの横ぼうより長く

読み方　音 ガイ　訓 —

部首　害 (うかんむり)

使い方　害虫《がいちゅう》　公害《こうがい》　災害《さいがい》　水害《すいがい》　無害《むがい》　有害《ゆうがい》

書こう

陸　11画

「ハ」としない

「土」としない

読み方　音 リク　訓 —

部首　陸 (こざとへん)

使い方　上陸《じょうりく》　大陸《たいりく》　着陸《ちゃくりく》　陸上《りくじょう》　陸地《りくち》　陸橋《りっきょう》

書こう

漁　14画

ななめ右下へ

ななめ左下へ

読み方　音 ギョ　リョウ　訓 —

部首　漁 (さんずい)

使い方　漁業《ぎょぎょう》　漁港《ぎょこう》　漁船《ぎょせん》　漁村《ぎょそん》　大漁《たいりょう》　漁師《りょうし》

書こう

1 □に漢字を書きましょう。

一つ4点【40点】

① □《ぼく》師《し》

② □□《ぼくそう》

③ 財《ざい》□《さん》の相続《そうぞく》。

④ □□《さんぎょう》

⑤ □□《こうがい》

⑥ 災《さい》□《がい》

⑦ □□《ちゃくりく》

⑧ 広い□□《りくち》。

⑨ □□《ぎょぎょう》

⑩ □《りょう》師の町。

2 □にあてはまる漢字を書きましょう。

一つ5点【60点】

① 船で□《りょう》に出る。

② 体に□□《ゆうがい》な物質《ぶっしつ》。

③ 農作物の□□《がいちゅう》。

④ □□《ぎょこう》がある村。

⑤ 子牛が□《う》まれる。

⑥ ち球の六□□《たいりく》。

⑦ □□《こくさん》の自動車。

⑧ 牛や羊を□□《ほうぼく》する。

⑨ □□《ぼくじょう》の羊。

⑩ りんごの□□《さんち》。

⑪ さんまの□□《たいりょう》を町中でいのる。

⑫ 無人島《むじんとう》に□□《じょうりく》する物語を読む。

⑧の「ほうぼく」は、家ちくをはなしがいにすることだよ。

クイズ

「漁」の読み方が一つだけちがうのはどれかな？

① 漁業　② 漁師《し》　③ 漁船

答え ▶ 107ページ

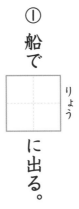

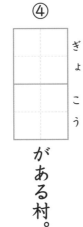

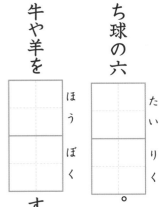

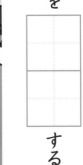

17 季・節・候・照・焼

目標《もくひょう》 10分

月　日

とく点　　点

季
8画

はねる

読み方
- 音：キ
- 訓：―

部首：季（こ）

使い方：夏季《かき》　季語《きご》　四季《しき》　秋季《しゅうき》　春季《しゅんき》　冬季《とうき》

書こう：季

節
13画

「艮」としない　はねる

読み方
- 音：セツ（セチ）
- 訓：ふし

部首：節（たけかんむり）

使い方：関節《かんせつ》　季節《きせつ》　節分《せつぶん》　調節《ちょうせつ》　節《ふし》あな　節目《ふしめ》

書こう：節

候
10画

つき出す

読み方
- 音：コウ
- 訓：（そうろう）

部首：候（にんべん）

使い方：悪天候《あくてんこう》　気候《きこう》　候《こう》ほ　時候《じこう》　天候《てんこう》　立候《りっこう》ほ

書こう：候

照
13画

点の向きに注意

読み方
- 音：ショウ
- 訓：てる　てらす　てれる

部首：照（れんが・れっか）

使い方：照会《しょうかい》　照合《しょうごう》　照明《しょうめい》　対照的《たいしょうてき》　日照《ひで》り　照《て》れ屋《や》

書こう：照

焼
12画

止める

読み方
- 音：（ショウ）
- 訓：やく　やける

部首：焼（ひへん）

使い方：目玉焼《めだまや》き　焼《や》きいも　焼《や》き肉《にく》　朝焼《あさや》け　日焼《ひや》け　夕焼《ゆうや》け

書こう：焼

1 □に漢字を書きましょう。　一つ4点【40点】

① □□（きご）
② □□（しき）
③ 暑い□□（きせつ）。
④ □□（ふしめ）
⑤ 山の□□（てんこう）。
⑥ □□（りっこう）ほ
⑦ □□（しょうめい）係
⑧ □（て）れ屋
⑨ □（や）き肉
⑩ □□（ゆうや）け

2 □にあてはまる漢字を書きましょう。

一つ5点【50点】

① 音量《おんりょう》を□□《ちょうせつ》する。

② □□□《めだまや》きを作る。

③ □□《じこう》のあいさつ。
＊じこう…きせつのようす。

④ □□《かき》の合宿。

⑤ おだやかな□□《きこう》。

⑥ □《ふし》をつけて歌う。

⑦ □□《ひので》りが続《つづ》く。

⑧ □□《せつぶん》の豆まき。

⑨ ぶ台の□□《しょうめい》。
＊しょうめい…光でてらして、あかるくすること。

⑩ □□《とうき》オリンピック

⑩の「とうき」はふゆのきせつのことだよ。「ふゆの間」の意味の「とう期」ではないよ。

3 ——線の言葉を、漢字と送りがなで（　）に書きましょう。

一つ5点【10点】

① 月が夜空を<u>てらす</u>。（　　）

② クッキーがおいしく<u>やける</u>。（　　）

クイズ

訓《くん》読《よ》みのない漢字はどれかな？
① 季　② 節　③ 照

答え ▶ 107ページ

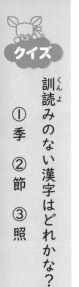

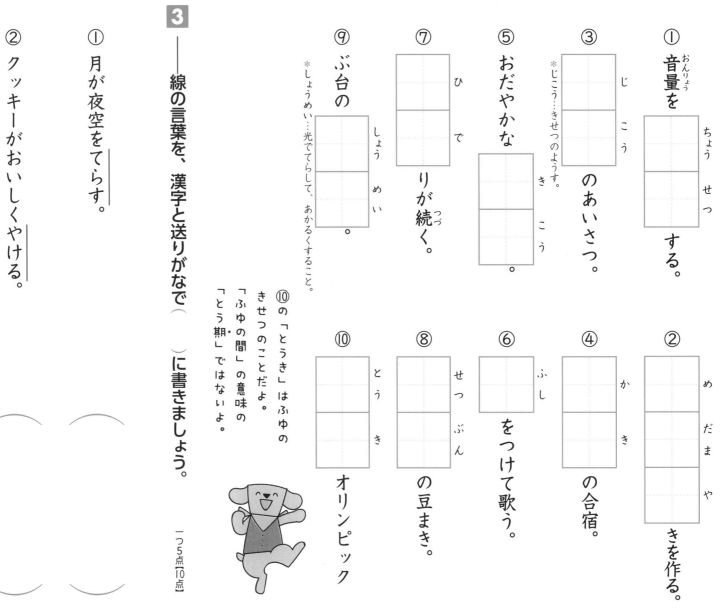

18 治・浴・然・散・熱

8画

、 冫 氵 氵 氵ム 汁 治 治

読み方
音 ジ チ
訓 おさめる おさまる なおる なおす

部首 治（さんずい）

使い方
政治《せいじ》 たい治《じ》 全治《ぜんち》
治安《ちあん》 治水《ちすい》 治《ち》りょう

書こう 治

10画

、 冫 氵 氵 氵ハ 氵ハ 氵公 浴 浴 浴

読み方
音 ヨク
訓 あびる あびせる

部首 浴（さんずい）

使い方
海水浴《かいすいよく》 日光浴《にっこうよく》 入浴《にゅうよく》
浴室《よくしつ》 浴場《じょう》 水浴《みずあ》び

書こう 浴

12画

ノ ク タ タ 夕 外 外 外 然 然 然 然

読み方
音 ゼン ネン
訓 ―

部首 然（れんが・れっか）

使い方
自然《しぜん》 整然《せいぜん》 全然《ぜんぜん》
当然《とうぜん》 天然《てんねん》 天然記念物《てんねんきねんぶつ》

書こう 然

12画

一 十 廾 廾 丑 共 昔 昔 背 背 散 散

読み方
音 サン
訓 ちる ちらす ちらかす ちらかる

部首 散（ぼくにょう・のぶん）

使い方
解散《かいさん》 散歩《さんぽ》 発散《はっさん》
分散《ぶんさん》 飛《と》び散《ち》る 散《ち》らし

書こう 散

15画

一 十 土 夫 夫 去 李 坴 坴 埶 埶 埶 熱 熱 熱

読み方
音 ネツ
訓 あつい

部首 熱（れんが・れっか）

使い方
高熱《こうねつ》 熱意《ねつい》 熱心《ねっしん》
熱中《ねっちゅう》 熱湯《ねっとう》 平熱《へいねつ》

書こう 熱

1 □に漢字を書きましょう。

一つ4点【40点】

① 政《せい》□《じ》
② □□《ちあん》
③ □□《よくしつ》
④ □□《みずあ》び
⑤ □□《しぜん》
⑥ □□《てんねん》
⑦ □□《さんぽ》
⑧ □《ち》らし
⑨ □□《ねっちゅう》する。
⑩ □□《へいねつ》

目標《もくひょう》 10分

月 日

とく点 点

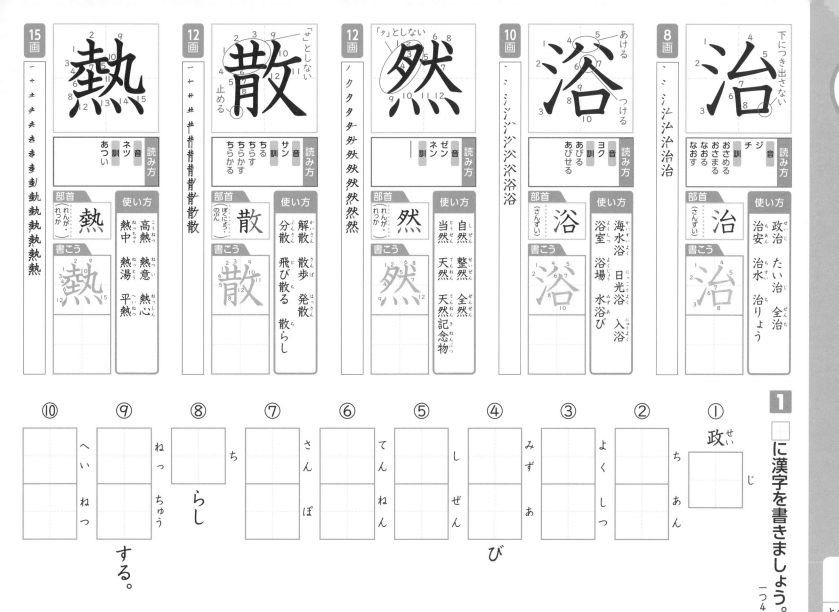

2 □にあてはまる漢字を書きましょう。

一つ5点【45点】

① 国の□□《てんねん》記念物《きねんぶつ》。

② □□□《かいすいよく》に行く。

③ 川の□□《ちすい》工事。

④ けがが□《なお》る。

⑤ □□《せいぜん》とした町なみ。

⑥ 話を□□《ねっしん》に聞く。

⑦ □《あつ》いお茶。

⑧ 力を□□《ぶんさん》させる。

⑨ おにたい□《じ》の昔話。

⑧「ぶんさん」は、わかれてちらばることだよ。

3 ――線の言葉を、漢字と送りがなで（　）に書きましょう。

一つ5点【15点】

① 部屋をちらかす。（　　）

② のどのいたみがおさまる。（　　）

③ 太陽の光をあびる。（　　）

クイズ

「然」の読み方が一つだけちがうのはどれかな？

① 全然　② 当然　③ 天然

答え ▶ 107ページ

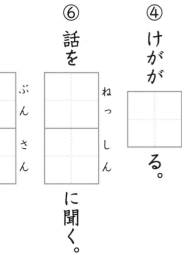

19 不・未・末・無・欠

目標《もくひょう》 10分

月　日

とく点

点

不（4画）

つけない　止める

読み方　音：フ　ブ　訓：―

部首：不（いち）

使い方：不安《ふあん》　不自由《ふじゆう》　不足《ふそく》　不注意《ふちゅうい》　不気味《ぶきみ》　不用心《ぶようじん》

書こう：不

未（5画）

下を長く

読み方　音：ミ　訓：―

部首：未（き）

使い方：未開《みかい》　未完成《みかんせい》　未知《みち》　未定《みてい》　未満《みまん》　未来《みらい》

書こう：未

末（5画）

上を長く

読み方　音：マツ　（バツ）　訓：すえ

部首：末（き）

使い方：後始末《あとしまつ》　結末《けつまつ》　年末《ねんまつ》　文末《ぶんまつ》　末《すえ》っ子《こ》　行《ゆ》く末《すえ》

書こう：末

無（12画）

つき出す

読み方　音：ム　ブ　訓：ない

部首：無（れんが・れっか）

使い方：無人島《むじんとう》　無理《むり》　無料《むりょう》　無事《ぶじ》　無用心《ぶようじん》　無礼《ぶれい》

書こう：無

欠（4画）

「フ」としない

読み方　音：ケツ　訓：かける　かく

部首：欠（けつ・あくび）

使い方：欠場《けつじょう》　欠席《けっせき》　欠点《けってん》　出欠《しゅっけつ》　病欠《びょうけつ》　満《み》ち欠《か》け

書こう：欠

1 □に漢字を書きましょう。

一つ4点【40点】

① ふあん

② ぶきみ

③ みかい の地。

④ みらい

⑤ ねんまつ

⑥ すえ っ子

⑦ むり な話。

⑧ ぶじ

⑨ けっせき する。

⑩ 月の満《み》ち か け。

2 □にあてはまる漢字を書きましょう。

一つ5てん【60てん】

① □□□《むじんとう》たんけん

② 十才□満《みまん》の子ども。

③ ごみの□□□《あとしまつ》。

④ 物語の□□《けつまつ》。

⑤ 試《し》合《あい》を□□《けつじょう》する。

⑥ 水□□《ぶそく》になる。

⑦ □□《けってん》を直す。

⑧ □□□《ぶようじん》な家。

⑨ 皿が□《か》ける。

⑩ □□《ぶれい》な態度《たいど》を改《あらた》める。

＊ぶれい…れいぎに外れていること。

⑪ □□□《みかんせい》に終わった作品。

⑫ □□□《ふちゅうい》で起こる事故《じこ》。

＊ふちゅうい…ちゅういが足りないこと。

⑧「ぶようじん」には二つの書き方があるよ。

クイズ

「□自由」の□に入る漢字はどれかな？

① 不　② 無　③ 未

答え ▶ 107ページ

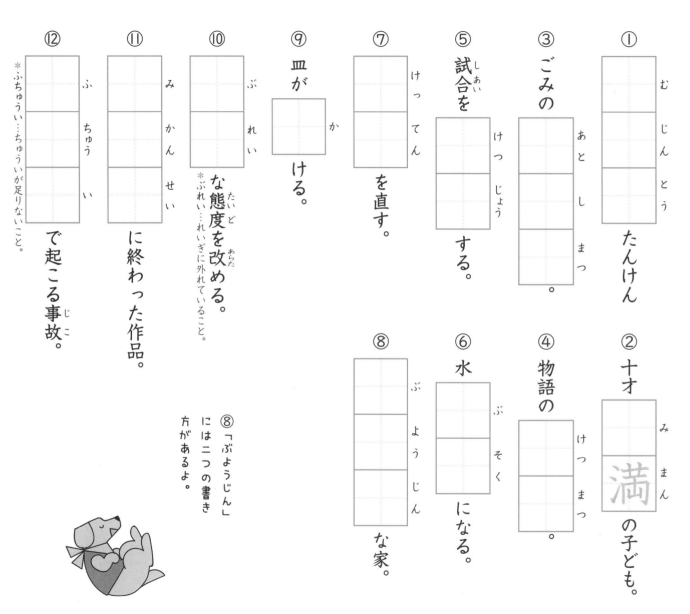

20 包・帯・衣・類・鏡

目標《もくひょう》 10分

月　日

とく点

点

包　5画

包

はねる　はねる

読み方　音 ホウ　訓 つつむ

部首　包（つつみがまえ）

使い方　包囲《ほうい》　包《ほう》そう　包帯《ほうたい》　包丁《ほうちょう》　小包《こづつみ》　包《つつ》み紙《がみ》

書こう　包

帯　10画

帯

つき出さない　はねる

読み方　音 タイ　訓 おびる　おび

部首　帯（はば）

使い方　一帯《いったい》　温帯《おんたい》　熱帯魚《ねったいぎょ》　緑地帯《りょくちたい》　連帯《れんたい》　帯《おび》グラフ

書こう　帯

衣　6画

衣

たてに打つ　おってはねる

読み方　音 イ　訓（ころも）

部首　衣（ころも）

使い方　衣食住《いしょくじゅう》　衣服《いふく》　衣料《いりょう》　衣料品《いりょうひん》　衣類《いるい》　白衣《はくい》

書こう　衣

類　18画

類

「十」としない　「女」としない

読み方　音 ルイ　訓 たぐい

部首　類（おおがい・いちのかい）

使い方　種類《しゅるい》　書類《しょるい》　親類《しんるい》　人類《じんるい》　分類《ぶんるい》　類義語《るいぎご》

書こう　類

鏡　19画

鏡

はねる　左から右上へはらう

読み方　音 キョウ　訓 かがみ

部首　鏡（かねへん）

使い方　鏡台《きょうだい》　三面鏡《さんめんきょう》　望遠鏡《ぼうえんきょう》　鏡開《かがみびら》き　手鏡《てかがみ》

書こう　鏡

1 □に漢字を書きましょう。

一つ4点【40点】

① ほうたい

② こづつみ

③ おんたい

④ おびグラフ

⑤ いしょくじゅう

⑥ はくい

⑦ 花のしゅるい。

⑧ じんるい

⑨ さんめんきょう

⑩ てかがみ

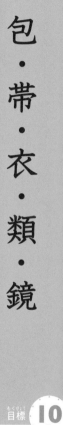

2 □にあてはまる漢字を書きましょう。

一つ5点【50点】

① □□《しょるい》を送る。

② □《たぐ》いまれな才能《さいのう》。

③ 着物の□《おび》。

④ 広大な□□□《りょくちたい》。

⑤ 父の□□□《ぼうえんきょう》。

⑥ 冬物の□□《いるい》。

⑦ 町の□料□《いりょうひん》店。

⑧ □□《ほうちょう》を使う。

⑨ 一月十一日は□□《かがみびら》き。

＊かがみびらき…正月にかざったかがみもちをわっておしるこなどにして食べる行事。

⑩ 城《しろ》を□《ほう》囲《い》する。

＊ほうい…周《まわ》りをとりかこむこと。

3 ――線の言葉を、漢字と送りがなで（　）に書きましょう。

一つ5点【10点】

① こわれ物を大切に<u>つつむ</u>。（　　）

② コンサート会場が熱気《ねっき》を<u>おびる</u>。（　　）

「おび」「おびる」二つの訓読《くんよ》みに注意だよ。

クイズ

画数のいちばん多い漢字はどれかな？

①類　②帯　③鏡

答え ▶ 107ページ

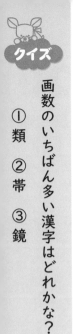

21 かくにんテスト③

名前

目標《もくひょう》 15分

月　日

とく点

点

1 □にあてはまる漢字を書きましょう。　一つ4点【48点】

① 草木が□□《めば》える。

② □□《むがい》な薬品を使う。

③ □《ふし》の多い材木《ざいもく》。

④ 代表□《こう》ほになる。

⑤ ぶどうの□□《せいさん》者。

⑥ 美しい□□《あさや》け。

⑦ 野鳥の□□《しゅるい》。

⑧ 台風の多い□□《きせつ》。

⑨ □□《こうねつ》が出る。

⑩ □□《しゅっけつ》をとる。

⑪ □□《いふく》を整える。

⑫ □《かがみ》にうつす。

2 ――線の言葉を、漢字と送りがなで（　）に書きましょう。　一つ4点【8点】

① ほめられて、てれる。（　　）

② 家の中がちらかる。（　　）

3 ――線の、漢字の読みがなを書きましょう。 一つ3点【12点】

① つゆいりを入梅という。（　　）

梅見に出かける。（　　）

② 小さな漁村で育つ。（　　）

いわしが不漁だ。（　　）

4 にている部分に気をつけて、□に漢字を書きましょう。 一つ4点【16点】

① 水を□《あ》びせる。

国を□《おさ》める。

② □□《みち》の世界。

行く□《すえ》が心配だ。

5 ――線の、漢字の読みがなを書きましょう。 一つ2点【16点】

① 正月の松かざり。（　　）

② 山菜を料理《りょうり》する。（　　）

③ 羊の遊牧。（　　）

④ 陸上競技《きょうぎ》（　　）

⑤ 勝って当然の相手。（　　）

⑥ 包帯をまく。（　　）

⑦ 断水《だんすい》が続《つづ》き不自由だ。（　　）

⑧ 身元の照会。（　　）

答え ▶ 107ページ

22 栄・養・健・康・満

目標《もくひょう》 10分

月　日

とく点　点

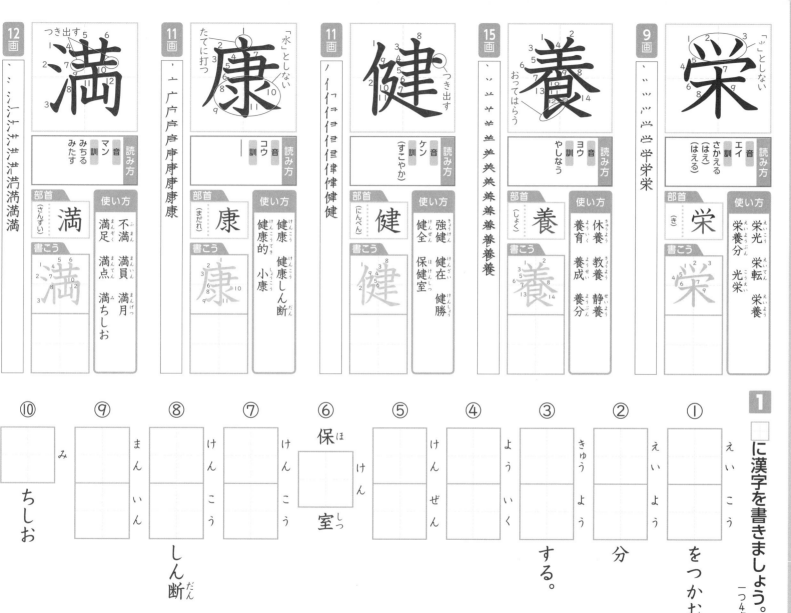

栄

9画

「⺍」としない

読み方
音 エイ
訓 さかえる　(はえ)　(はえる)

部首 栄 (き)

使い方
栄光《えいこう》　栄転《えいてん》　栄養《えいよう》
栄養分《えいようぶん》　光栄《こうえい》

書こう 栄

養

15画

おってはらう

読み方
音 ヨウ
訓 やしなう

部首 養 (しょく)

使い方
休養《きゅうよう》　教養《きょうよう》　静養《せいよう》
養育《よういく》　養成《ようせい》　養分《ようぶん》

書こう 養

健

11画

つき出す

読み方
音 ケン
訓 (すこやか)

部首 健 (にんべん)

使い方
強健《きょうけん》　健在《けんざい》　健勝《けんしょう》
健全《けんぜん》　保健室《ほけんしつ》

書こう 健

康

11画

たてに打つ　「水」としない

読み方
音 コウ
訓 ―

部首 康 (まだれ)

使い方
健康《けんこう》　健康《けんこう》しん断《だん》
健康的《けんこうてき》　小康《しょうこう》

書こう 康

満

12画

つき出す

読み方
音 マン
訓 みちる　みたす

部首 満 (さんずい)

使い方
不満《ふまん》　満員《まんいん》　満月《まんげつ》
満足《まんぞく》　満点《まんてん》　満《み》ちしお

書こう 満

1 □に漢字を書きましょう。　一つ4点【40点】

① □□(えいこう)をつかむ。
② □□(えいよう)分
③ □□(きゅうよう)する。
④ □□(よういく)
⑤ □□(けんぜん)
⑥ 保《ほ》□(けん)室《しつ》
⑦ □□(けんこう)
⑧ □□(けんこう)しん断《だん》
⑨ □□(まんいん)
⑩ □(み)ちしお

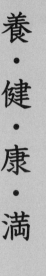

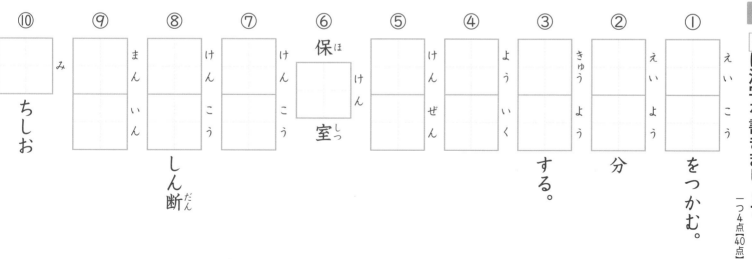

2 □にあてはまる漢字を書きましょう。

一つ5てん【45てん】

① 土の［　　］《ようぶん》。

② 身にある［　　］《こうえい》。

③ ［　　］《えいよう》のある食事。

④ ［　　］《しょうこう》じょうたい

＊しょうこう…病気が少し良《よ》くなり、落ち着いていること。

⑤ テストは［　　］《まんてん》だ。

⑥ 温せん地で［　　］《せいよう》する。

⑦ ［　　］的《けんこうてき》な食事。

⑧ 祖父母《そふぼ》は［　］《けん》在《ざい》だ。

＊けんざい…元気にくらしていること。

⑨ ［　　］《きょうけん》な体。

＊きょうけん…体がしっかりしていて、じょうぶであること。

②の「こうえい」はありがたく、幸せだと思うことだよ。

3 ――線の言葉を、漢字と送りがなで（　）に書きましょう。

一つ5てん【15てん】

① 月がみちる。（　　）

② 体力をやしなう。（　　）

③ 町がさかえる。（　　）

クイズ

「栄」の部首はどれかな？

① ⺍　② 木　③ 冖

答え ▶ 108ページ

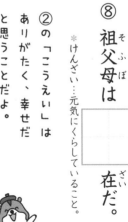

23 材・料・塩・飯・量

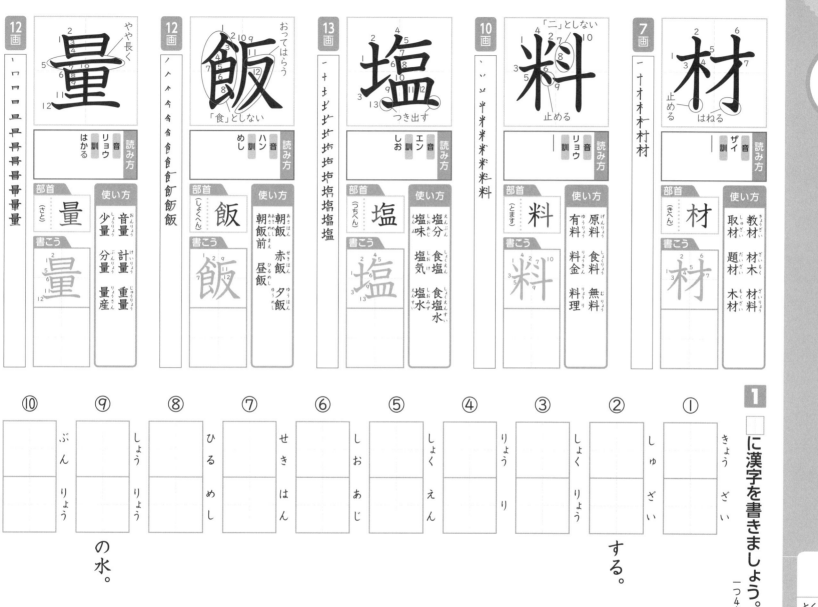

材 7画
止める　はねる

読み方　音 ザイ　訓 ―

部首　材（きへん）

使い方　教材《きょうざい》　材木《ざいもく》　材料《ざいりょう》　取材《しゅざい》　題材《だいざい》　木材《もくざい》

書こう

一 十 オ 木 木一 村 材

料 10画
「二」としない　止める

読み方　音 リョウ　訓 ―

部首　料（とます）

使い方　原料《げんりょう》　食料《しょくりょう》　無料《むりょう》　有料《ゆうりょう》　料金《りょうきん》　料理《りょうり》

書こう

丶 丷 ᅭ 半 米 米 米 米 米 料

塩 13画
つき出す

読み方　音 エン　訓 しお

部首　塩（つちへん）

使い方　塩分《えんぶん》　食塩《しょくえん》　食塩水《しょくえんすい》　塩味《しおあじ》《えんみ》　塩気《しおけ》　塩水《しおみず》《えんすい》

書こう

一 十 土 圵 圵 圵 圵 坞 坞 塩 塩 塩 塩

飯 12画
おってはらう　「食」としない

読み方　音 ハン　訓 めし

部首　飯（しょくへん）

使い方　朝飯《あさはん》《あさめし》　赤飯《せきはん》　夕飯《ゆうはん》《ゆうめし》　朝飯前《あさめしまえ》　昼飯《ひるめし》

書こう

ノ 𠆢 今 今 今 今 食 食 飠 飣 飯 飯

量 12画
やや長く

読み方　音 リョウ　訓 はかる

部首　量（さと）

使い方　音量《おんりょう》　計量《けいりょう》　重量《じゅうりょう》　少量《しょうりょう》　分量《ぶんりょう》　量産《りょうさん》

書こう

丶 口 日 日 旦 旦 昌 昌 昌 昌 量 量

1 □に漢字を書きましょう。　一つ4点【40点】

① きょう ざい

② しゅ ざい する。

③ しょく りょう

④ りょう り

⑤ しょく えん

⑥ しお あじ

⑦ せき はん

⑧ ひる めし

⑨ しょう りょう

⑩ ぶん りょう の水。

目標《もくひょう》 10分

月　日

とく点　点

2 □にあてはまる漢字を書きましょう。

一つ5点【60点】

① 今日の□□《ゆうはん》。

② □□《じゅうりょう》挙《あ》げの選手《せんしゅ》。

③ □□《ゆうりょう》の高速道路。

④ □□《しおけ》をきかせる。

⑤ 重さを□《はか》る。

⑥ 車で□□《ざいもく》を運ぶ。

⑦ □□《えんぶん》をひかえる。

⑧ □□《おんりょう》を下げる。

⑨ □□《りょうきん》をはらう。

⑩ ごみの□《りょう》をへらす。

⑪ 野球を□□《だいざい》にした本を読む。

⑫ こんなクイズは□□□《あさめしまえ》だ。

クイズ

「原《げん》□《りょう》」の□に入る漢字はどれかな？

① 科　② 量　③ 料

答え ▷ 108ページ

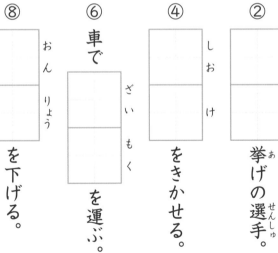

24 街・灯・周・辺・置

目標《もくひょう》 10分

月　日

とく点　　点

街　12画

「主」としない　はねる

ノ ⺆ 彳 行 行 往 往 徍 徍 街 街 街

読み方　音 ガイ（カイ）　訓 まち

部首　街（ぎょうがまえ・ゆきがまえ）

使い方　街頭《がいとう》　街路《がいろ》じゅ　市街地《しがいち》　住《じゅう》たく街《がい》　商店街《しょうてんがい》　街角《まちかど》

書こう　街

灯　6画

止める　はねる

丶 丷 火 火 灯 灯

読み方　音 トウ　訓 （ひ）

部首　灯（ひへん）

使い方　街灯《がいとう》　消灯《しょうとう》　点灯《てんとう》　電灯《でんとう》　灯台《とうだい》　灯油《とうゆ》

書こう　灯

周　8画

下を長く　はねる

丿 冂 月 円 用 用 周 周

読み方　音 シュウ　訓 まわり

部首　周（くち）

使い方　一周《いっしゅう》　円周《えんしゅう》　十周年《じっしゅうねん》　周囲《しゅうい》　周期《しゅうき》　周辺《しゅうへん》

書こう　周

辺　5画

つき出さない　はらう

フ 刀 刃 辺 辺

読み方　音 ヘン　訓 あたり　べ

部首　辺（しんにょう・しんにゅう）

使い方　近辺《きんぺん》　身辺《しんぺん》　底辺《ていへん》　海辺《うみべ》　岸辺《きしべ》　水辺《みずべ》

書こう　辺

置　13画

「四」としない

丶 冂 冖 罒 罒 罒 罒 罕 罝 罟 置 置 置

読み方　音 チ　訓 おく

部首　置（あみがしら・よこめ）

使い方　位置《いち》　配置《はいち》　放置《ほうち》　置《お》き時計《どけい》　置物《おきもの》　物置《ものおき》

書こう　置

1 □に漢字を書きましょう。　一つ4点【40点】

① □□□（しがいち）

② □□□（まちかど）

③ 島の □□（とうだい）。

④ □□（とうゆ）

⑤ □□□（じっしゅうねん）

⑥ 家の □□（しゅうへん）。

⑦ 三角形の底《てい》□（へん）。

⑧ □□（きしべ）

⑨ 高い □□（いち）。

⑩ □（お）き時計

2 □にあてはまる漢字を書きましょう。

一つ5点【50点】

① かい中□□《でんとう》

② □□《うみべ》の旅館。

③ □□《ほうち》自転車

④ 校庭を□□《いっしゅう》走る。

⑤ 四年□□《しゅうき》の行事。

⑥ 駅前の□□□《しょうてんがい》。

⑦ □□《しょうとう》時間になる。

⑧ □□《ものおき》を建《た》てる。

⑨ □□《がいろ》じゅを植える。

⑩ □□《みずべ》の生き物。

②「うみべ」や⑩「みずべ」の「べ」は、その「あたり」を表すよ。

3 ——線の言葉を、漢字と送りがなで（　）に書きましょう。

一つ5点【10点】

① 湖の<u>まわり</u>を歩く。

（　　　　）

② この<u>あたり</u>は静《しず》かな住たく地だ。

（　　　　）

クイズ

「がいとう演説《えんぜつ》」の「がいとう」はどれかな？

① 街灯　② 外灯　③ 街頭

答え ▶ 108ページ

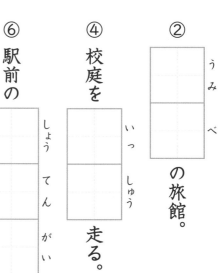

25 氏・低・底・便・利

目標《もくひょう》 10分

月　日

とく点

点

氏

4画

はねる　おってはらう

一 ㇆ 𠂆 氏

読み方　音 シ　訓 (うじ)

部首　氏 (うじ)

使い方　氏族《しぞく》　氏名《しめい》　セ氏《し》　田中氏《たなかし》

書こう　氏

低

7画

はねる　わすれない

ノ イ 亻 亻 仾 低 低

読み方　音 テイ　訓 ひくい　ひくめる　ひくまる

部首　低 (にんべん)

使い方　高低《こうてい》　低音《ていおん》　低下《ていか》　低学年《ていがくねん》　低気圧《ていきあつ》　低空飛行《ていくうひこう》

書こう　低

底

8画

はねる　わすれない

丶 亠 广 广 庀 庀 底 底

読み方　音 テイ　訓 そこ

部首　底 (まだれ)

使い方　海底《かいてい》　地底《ちてい》　底面《ていめん》　川底《かわぞこ》　底力《そこぢから》　底冷《そこび》え

書こう　底

便

9画

つき出さない　つき出す

ノ イ 亻 仁 佰 佰 佰 便 便

読み方　音 ベン　ビン　訓 たより

部首　便 (にんべん)

使い方　不便《ふべん》　便所《べんじょ》　便利《べんり》　航空便《こうくうびん》　ゆう便《びん》　花便《はなだよ》り

書こう　便

利

7画

はねる　止める

一 二 千 禾 禾 利 利

読み方　音 リ　訓 (きく)

部首　利 (りっとう)

使い方　勝利《しょうり》　便利《べんり》　利益《りえき》　利点《りてん》　利発《りはつ》　利用《りよう》

書こう　利

1 □に漢字を書きましょう。

一つ4点【40点】

① 住所と □□(しめい)。
② 田中《たなか》 □(し)
③ □(てい) 気圧《きあつ》
④ □□(ていくう) 飛行《ひこう》
⑤ □□(ちてい)
⑥ □□(そこぢから)
⑦ □□(ふべん)な所。
⑧ 航空《こうくう》 □(びん)
⑨ 初《はつ》の □□(しょうり)。
⑩ □□(りよう)する。

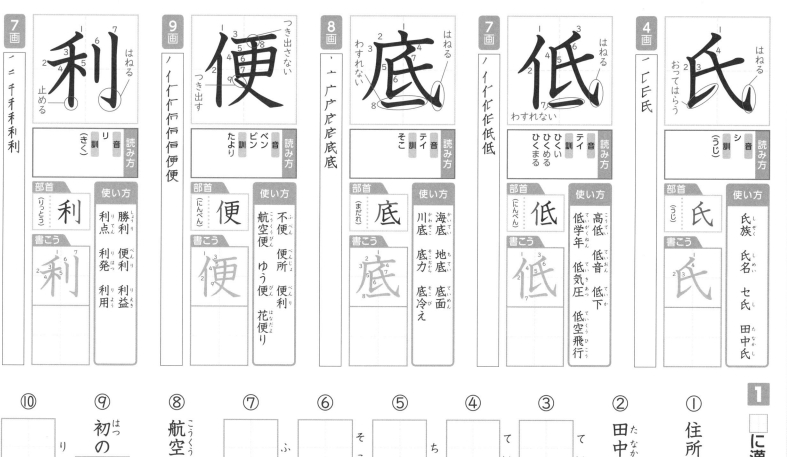

2 □にあてはまる漢字を書きましょう。

一つ5点【60点】

① □□《べんり》な道具。

② □□《かいてい》にすむ魚。

③ 箱の□□《ていめん》。

④ □□《しぞく》のつながり。

＊しぞく…祖先《そせん》が同じ一ぞく。

⑤ □□《はなだよ》りがとどく。

⑥ バケツの□《そこ》。

⑦ □□《ていおん》の楽器《がっき》。

⑧ ゆう□《びん》局

⑨ セ□《し》温度

＊セし…温度のはかり方の一つ。

⑩ □□《りはっ》な少年。

＊りはっ…かしこいこと。

⑪ 今夜は□□《そこび》えがして雪がふりそうだ。

⑫ 気温が急げきに□□《ていか》する。

「そこ」と「ひくい」は、音読みが同じ「テイ」で、形もにているから注意だよ。

クイズ

「高□《こうてい》」（高い・ひくい）の□に入る漢字はどれかな？

① 底 ② 低 ③ 氏

答え ▶ 108ページ

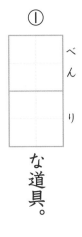

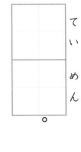

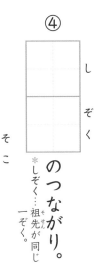

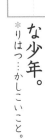

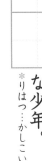

26 以・浅・残・昨・側

目標《もくひょう》 10分

月　日

とく点　　点

以　5画

「レ」ではない　止める

筆順：丨 レ レ 以 以

読み方　音 イ　訓 ―

部首　以（ひと）

使い方　以下《いか》　以外《いがい》　以上《いじょう》　以前《いぜん》　以内《いない》　以来《いらい》

書こう　以

浅　9画

わすれない　はねる

筆順：丶 冫 氵 氵 汀 浐 浅 浅 浅

読み方　音 （セン）　訓 あさい

部首　浅（さんずい）

使い方　浅黒《あさぐろ》い　浅《あさ》せ　浅《あさ》はか　浅緑《あさみどり》　遠浅《とおあさ》

書こう　浅

残　10画

わすれない　はねる

筆順：一 ア 歹 歹 歹 歹 歹 残 残 残

読み方　音 ザン　訓 のこる　のこす

部首　残（かばねへん・いちたへん）

使い方　残業《ざんぎょう》　残金《ざんきん》　残暑《ざんしょ》　残雪《ざんせつ》　残念《ざんねん》　食《た》べ残《のこ》し

書こう　残

昨　9画

「目」としない　「乍」としない

筆順：丨 冂 日 日 日' 昨 昨 昨 昨

読み方　音 サク　訓 ―

部首　昨（ひへん）

使い方　一昨日《いっさくじつ》　一昨年《いっさくねん》　昨日《さくじつ》《きのう》　昨年《さくねん》　昨夜《さくや》　昨今《さっこん》

書こう　昨

側　11画

つけない　はねる

筆順：ノ イ 亻 們 們 但 但 俱 俱 側 側

読み方　音 ソク　訓 がわ〈かわ〉

部首　側（にんべん）

使い方　側頭部《そくとうぶ》　側面《そくめん》　側近《そっきん》　左側《ひだりがわ》　右側《みぎがわ》　両側《りょうがわ》

書こう　側

1 □に漢字を書きましょう。

一つ4点【40点】

① 昭和 □□（いぜん）

② 五分 □□（いない）

③ 川の □（あさ）せ。

④ □□（あさみどり）

⑤ □□（ざんねん）

⑥ 食べ □（のこ）し

⑦ □□（さくねん）

⑧ □□（さくや）

⑨ □□（ひだりがわ）

⑩ □□（りょうがわ）

2 □にあてはまる漢字を書きましょう。

一つ5点【50点】

① □□《さくじつ》の出来事。

② 入学□□《いらい》の友達《ともだち》。

③ 道の□□《みぎがわ》を歩く。

④ 日焼《ひや》けして□□《あさぐろ》い。

⑤ □□《とおあさ》の海。

⑥ 父は今日も□□《ざんぎょう》だ。

⑦ □□《ざんしょ》見まいを送る。

⑧ □□□《いっさくじつ》

⑨ 箱の□□《そくめん》。

⑩ 関係者《かんけいしゃ》□□《いがい》立ち入り禁止《きんし》。

⑧の「いっさくじつ」は、おとといのことだよ。

3 ――線の言葉を、漢字と送りがなで（　）に書きましょう。

一つ5点【10点】

① あさい川をわたる。
（　　　）

② テーブルの上にメモをのこす。
（　　　）

クイズ

画数のいちばん多い漢字はどれかな？

①残　②昨　③浅

答え ▶ 108ページ

7画 折

一 十 扌 扩 折 折 折

読み方
音 セツ
訓 おる・おり・おれる
はらう
はねる

部首
折（てへん）

使い方
右折 時折 こっ折 折々 折れ線グラフ 左折 右折

書こう
折

9画 飛

てでで下下飛飛飛飛

読み方
音 ヒ
訓 とぶ・とばす
はねる
はらう

部首
飛（とぶ）

使い方
飛行機 飛来 飛行士 飛行船 飛び石 飛び立つ

書こう
飛

13画 戦

「丷」としない

丶 丷 ゙ ゙ 肖 肖 単 単 単 単 戦 戦 戦

読み方
音 セン
訓 たたかう（いくさ）

部首
戦（ほこづくり）

使い方
作戦 対戦 雪合戦 戦場 戦力 戦い続ける

書こう
戦

6画 争

ノ ク ク 々 争 争

つき出す
はねる

読み方
音 ソウ
訓 あらそう

部首
争（はねぼう）

使い方
競争 争点 戦争 争議 言い争い 争走

書こう
争

20画 競

つき出す

丶 十 十 立 产 竞 竞 竞 竞 竞 辞 辞 辞 辞 辞 競 競 競

読み方
音 キョウ・ケイ
訓 きそう・せる

部首
競（たつへん）

使い方
競泳 競歩 競馬 競輪 競技大会 競走 競走

書こう
競

1 □ に漢字を書きましょう。

一つ4点【40点】

① きょう ▢技大会

② けいば ▢▢

③ せんそう ▢▢ の話。

④ あらそ ▢い事

⑤ さくせん ▢▢

⑥ たたか ▢い続ける。

⑦ ひこうせん ▢▢▢

⑧ 鳥が ▢び立つ。 と

⑨ うせつ ▢▢

⑩ ときおり ▢▢

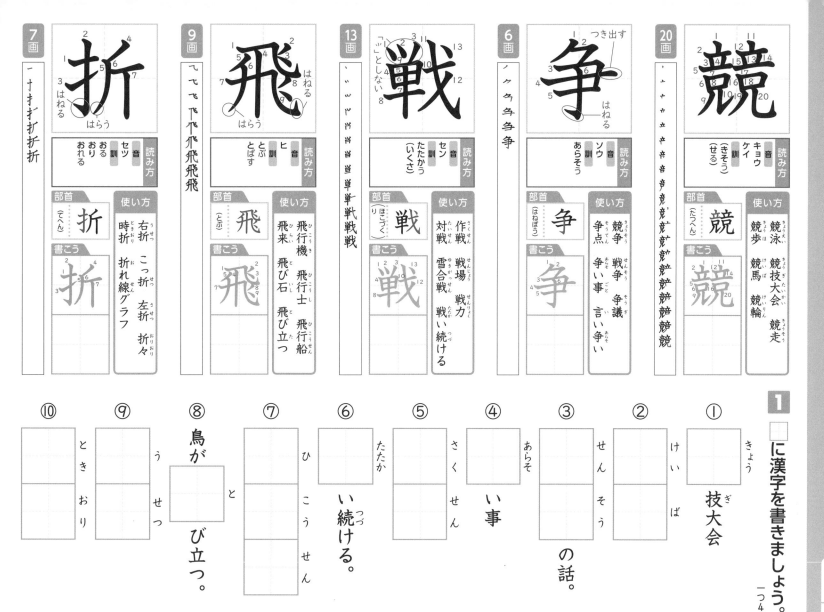

2 □にあてはまる漢字を書きましょう。

一つ5点【45点】

① 校内の□□《きょうえい》大会。

② □□□《ひこうき》雲

③ うでをこっ□《せつ》する。

④ チームの□□《せんりょく》。

⑤ □《と》び石連休《れんきゅう》

⑥ □□□《ゆきがっせん》をする。

⑦ □《お》れ線グラフ

⑧ 運動会の徒《と》□□《きょうそう》。

⑨ 勉強の□□《きょうそう》相手。

⑧と⑨の「きょうそう」の「そう」に注意だよ。

3 ——線の言葉を、漢字と送りがなで（　）に書きましょう。

一つ5点【15点】

① 転んで足のほねがおれる。（　　）

② 全りょくでたたかう。（　　）

③ 兄とゲームであらそう。（　　）

クイズ

「競」の読み方が一つだけちがうのはどれかな？

① 競馬　② 競歩　③ 競輪《りん》

答え ▶ 108ページ

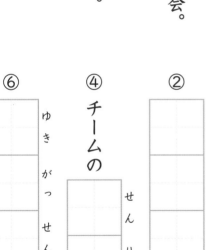

28 かくにんテスト④

名前

目標《もくひょう》 15分

月　日

とく点　　点

1 □にあてはまる漢字を書きましょう。　一つ4点【40点】

① □□《えいよう》士《し》の仕事。

② カレーの□□《ざいりょう》。

③ □□《けんこう》管理《かんり》

④ □□《しめい》を記入する。

⑤ 家具を□□《はいち》する。

⑥ □□《ざんきん》を数える。

⑦ 予想□□《いじょう》の暑さ。

⑧ □□《せんそう》に反対する。

⑨ 白鳥が□□《ひらい》する。

⑩ 都市の□□《しゅうへん》部。

2 ——線の言葉と反対の意味の言葉を、漢字と送りがなで（　）に書きましょう。　一つ4点【8点】

① 深い谷 ⇔ （　　　）

② 高い山 ⇔ （　　　）

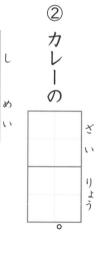

3 ——線の、漢字の読みがなを書きましょう。　一つ3点【12点】

①
食塩水を作る。（　　）
塩水にうかべる。（　　）

②
次の角を左折する。（　　）
四季《しき》折々の草花。（　　）

4 ——線の、漢字の読みがなを書きましょう。　一つ3点【24点】

① 赤飯をたく。（　　）

② 交通が便利な土地。（　　）

③ プールに水を満たす。（　　）

④ 一昨年の出来事。（　　）

⑤ 計量カップ（　　）

⑥ 大統領《だいとうりょう》の側近。（　　）

⑦ 競歩の大会に出る。（　　）

⑧ 不満を言う。（　　）

5 □に、同じ読み方で意味のちがう漢字を書きましょう。　一つ4点【16点】

①
□□（がいとう）演説《えんぜつ》
□□（がいとう）の明かり。

②
□（てい）学年
海□（てい）にもぐる。

答え ▶ 108ページ

29 副・差・億・兆・貨

目標《もくひょう》 10分

月　日

とく点　　点

副

11画

はねる

読み方　音 フク　訓 ―

部首　副（りっとう）

使い方

副委員長《ふくいいんちょう》　副会長《ふくかいちょう》　副業《ふくぎょう》

副作用《ふくさよう》　副賞《ふくしょう》　副題《ふくだい》

書こう

一 丆 戸 戸 戸 肙 畐 畐 畐 畐 副

差

10画

「土」としない

読み方　音 サ　訓 さす

部首　差（こう・え）

使い方

交差点《こうさてん》　差別《さべつ》　時差《じさ》ぼけ

大差《たいさ》　差《さ》し入《い》れ　水差《みずさ》し

書こう

丶 丷 䒑 兰 羊 差 差 差 差 差

億

15画

たてに打つ

はねる

読み方　音 オク　訓 ―

部首　億（にんべん）

使い方

一億《いちおく》　億万長者《おくまんちょうじゃ》

三億円《さんおくえん》　二億年《におくねん》

書こう

ノ イ 亻 仁 仕 佇 倍 倍 倍 倍 億 億 億 億 億

兆

6画

止める

はねる

読み方　音 チョウ　訓 （きざす）（きざし）

部首　兆（にんにょう・ひとあし）

使い方

一兆《いっちょう》　三兆円《さんちょうえん》　前兆《ぜんちょう》

兆候《ちょうこう》　二兆《にちょう》　予兆《よちょう》

書こう

ノ ﾘ 兆 兆 兆 兆

貨

11画

はねる

読み方　音 カ　訓 ―

部首　貨（こがい・かい）

使い方

貨物列車《かもつれっしゃ》　金貨《きんか》　銀貨《ぎんか》

雑貨《ざっか》　通貨《つうか》　百貨店《ひゃっかてん》

書こう

ノ イ 亻 化 化 貨 貨 貨 貨 貨 貨

1 □に漢字を書きましょう。

一つ4点【40点】

① ふくかいちょう □□□

② ふく □ 賞《しょう》

③ じさ □□ ぼけ

④ さ □ し入れ

⑤ おくまん □□ 長者

⑥ におくねん □□□

⑦ さんちょうえん □□□

⑧ ぜんちょう □□

⑨ 昔の きんか □□ 。

⑩ 雑《ざっ》 か □

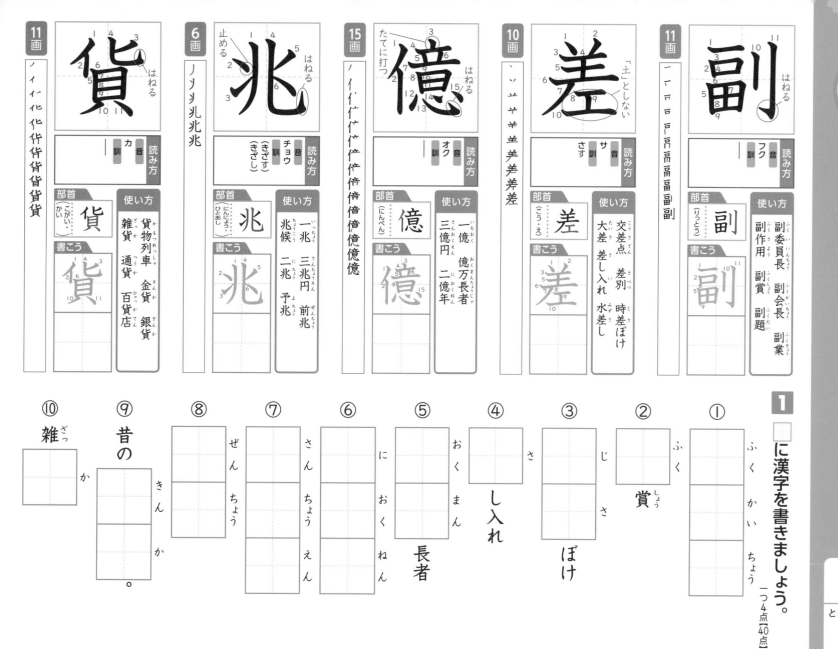

2 □にあてはまる漢字を書きましょう。

一つ5てん【60てん】

① □□《いちおく》人の人口。

② 薬の□□□《ふくさよう》。

③ □□《にちょう》円の予算。

④ □□□《さんおくえん》の絵画。

⑤ □□□□《かもつれっしゃ》

⑥ □□《たいさ》で勝利《しょうり》する。

⑦ うす日が□《さ》す。

⑧ ふん火の□□《よちょう》。

＊よちょう…何かが起こりそうな前ぶれ。

⑨ 大手の□□□《ひゃっかてん》で買い物をする。

⑩ 協会《きょうかい》の□□□□《ふくいいんちょう》に選《えら》ばれる。

⑪ 日本の□□《つうか》の単位《たんい》は円だ。

＊つうか…かへい。お金。

⑫ 大きなスクランブル□□□《こうさてん》をわたる。

クイズ

「□万長者」の□に入る漢字はどれかな？

①兆　②億　③万

答え ▶ 109ページ

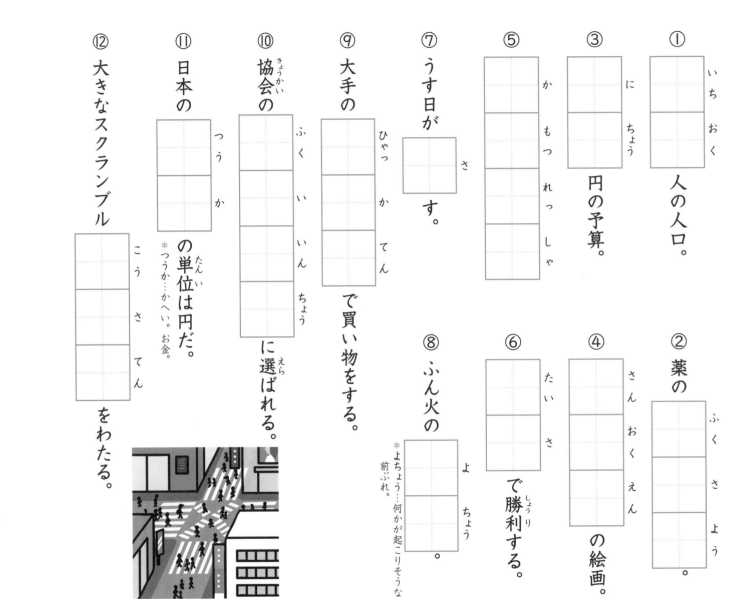

30 各・郡・府・省・関

目標《もくひょう》 10分

月　日

とく点

点

各（6画）

上につけない

ノ ク 夂 夂 各 各

読み方　音 カク　訓 （おのおの）

部首　各（くち）

使い方　各自《かくじ》　各種《かくしゅ》　各所《かくしょ》　各人《かくじん》　各国《かっこく》　全国各地《ぜんこくかくち》

書こう

郡（10画）

つき出す　「口」としない

フ ヨ ヨ 尹 尹 君 君 君 郡 郡

読み方　音 グン　訓 —

部首　郡（おおざと）

使い方　愛知郡《あいちぐん》　郡下《ぐんか》　郡内《ぐんない》　郡部《ぐんぶ》　三浦郡《みうらぐん》

書こう

府（8画）

はねる

丶 一 广 广 庁 庁 府 府

読み方　音 フ　訓 —

部首　府（まだれ）

使い方　大阪府《おおさかふ》　政府《せいふ》　都道府県《とどうふけん》　ばく府《ふ》　府知事《ふちじ》　府立《ふりつ》

書こう

省（9画）

はねる　「日」としない

丨 ㇀ 小 少 省 省 省 省 省

読み方　音 セイ ショウ　訓 はぶく （かえりみる）

部首　省（め）

使い方　帰省《きせい》　反省《はんせい》　反省会《はんせいかい》　省略《しょうりゃく》　省力化《しょうりょくか》　文部科学省《もんぶかがくしょう》

書こう

関（14画）

止める　はねる

丨 ┌ 𠃌 門 門 門 門 門 門 門 閂 閂 関 関

読み方　音 カン　訓 せき かかわる

部首　関（もんがまえ・かどがまえ）

使い方　関係《かんけい》　関心《かんしん》　関節《かんせつ》　関東地方《かんとうちほう》　大関《おおぜき》　関所《せきしょ》

書こう

1 □に漢字を書きましょう。　一つ4点【40点】

① □□《かくしゅ》の品。

② 全国□□《かくち》

③ 愛知県《あいちけん》愛知□《ぐん》

④ □□《ぐんぶ》

⑤ 大阪《おおさか》□《ふ》

⑥ 政《せい》□《ふ》

⑦ □□《はんせい》会

⑧ □《しょう》略《りゃく》する。

⑨ □□《かんとう》地方

⑩ □□《せきしょ》

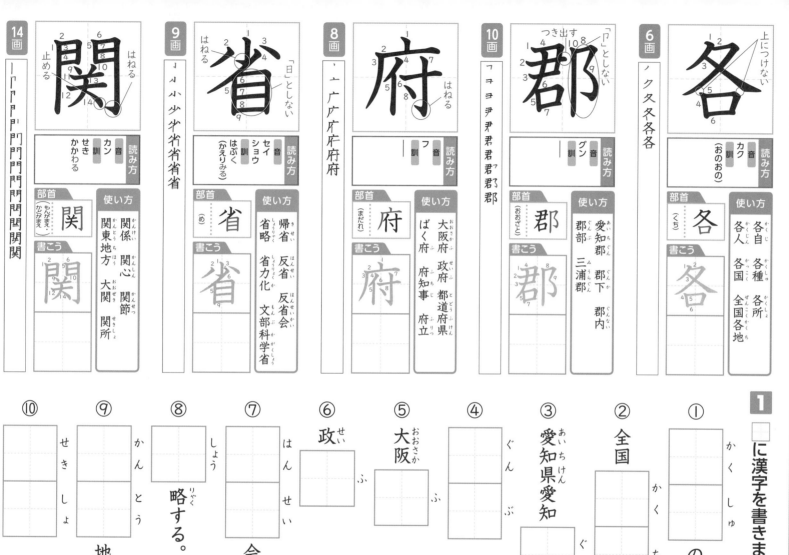

2 □にあてはまる漢字を書きましょう。

一つ5点【50点】

① □□《かくじ》で用意する。

② □□□□《とどうふけん》

③ □□《かっこく》の代表。

④ □□《きせい》客であふれる。

＊きせい…ふるさとにかえること。

⑤ 大阪《おおさか》□□□《ふちじ》

⑥ □□《ふりつ》の小学校。

⑦ 神奈川《かながわ》けん三浦《みうら》□《ぐん》

⑧ 国と国との□□《かんけい》。

⑨ 工場の□□□《しょうりょくか》。

＊しょうりょくか…きかいを使って、人手や手間をへらすこと。

⑩ アニメに□□《かんしん》がある。

⑩の「かんしん」は、深くこころを動かされる「感しん」とまちがえないようにね。

3 ——線の言葉を、漢字と送りがなで（　）に書きましょう。

一つ5点【10点】

① くわしい説明《せつめい》をはぶく。（　　）

② 命にかかわる問題。（　　）

クイズ

「関」を訓読《くんよ》みするのはどれかな？

① 関心　② 関所　③ 関節《せつ》

答え ▶ 109ページ

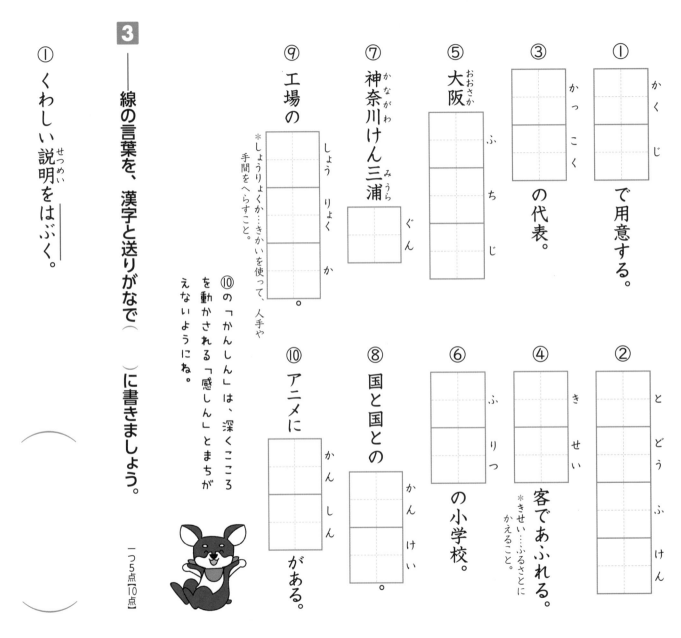

31 建・倉・景・巣

9画

読み方　音 ケン（コン）　訓 たてる たつ

部首　建（えんにょう）

使い方　建国記念《けんこくきねん》の日《ひ》　建設《けんせつ》　建築《けんちく》　再建《さいけん》　建物《たてもの》　二階建《にかいだ》て

書こう　建

10画

読み方　音 ソウ　訓 くら

部首　倉（ひとやね）

使い方　こく倉地帯《そうちたい》　船倉《せんそう》《ふなぐら》　倉庫《そうこ》　米倉《こめぐら》　酒倉《さかぐら》

書こう　倉

12画

読み方　音 ケイ　訓 ―

部首　景（ひ）

使い方　遠景《えんけい》　景品《けいひん》　光景《こうけい》　情景《じょうけい》　風景《ふうけい》　夜景《やけい》

書こう　景

11画

読み方　音（ソウ）　訓 す

部首　巣（つかんむり）

使い方　空《あ》き巣《す》　巣《す》あな　巣立《すだ》ち　巣立《すだ》つ　巣箱《すばこ》　古巣《ふるす》

書こう　巣

「建《た》てる」「建つ」の送りがなに注意だよ。

目標《もくひょう》 10分

月　日

とく点　　点

1 □に漢字を書きましょう。　一つ4点【40点】

① （けん）設《せっ》

② （けん）築《ちく》

③ （たてもの）

④ （そうこ）

⑤ （こめぐら）

⑥ （けいひん）

⑦ 自然《しぜん》の情《じょう》（けい）。

⑧ （ふうけい）

⑨ 空き（す）

⑩ （ふるす）

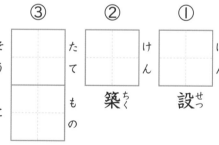

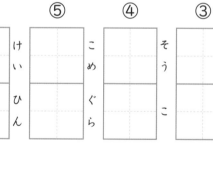

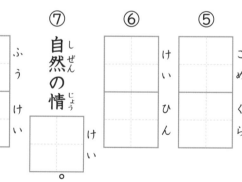

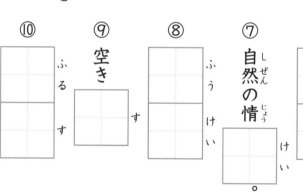

2 □にあてはまる漢字を書きましょう。

一つ5点【60点】

① □□《えんけい》に広がる山々。

② 会社の再《さい》□《けん》。

＊さいけん…たて直すこと。

③ □□《すばこ》の小鳥。

④ たぬきの□《す》あな。

⑤ □□《さかぐら》のある町。

⑥ □□□《にかいだ》ての家。

⑦ ビルを□《た》てる。

⑧ こく□□□《そうちたい》

＊こくそうちたい…こく物を多く産出《さんしゅつ》するちいき。

⑨ つばめのひなが□□《すだ》つ。

⑩ 日の出の□□《こうけい》。

⑪ 山の上から□□《やけい》を見下ろす。

⑫ 二月十一日は□□□□《けんこくきねん》の日だ。

クイズ

画数がいちばん多い漢字はどれかな？

①巣　②倉　③景

答え ▶ 109ページ

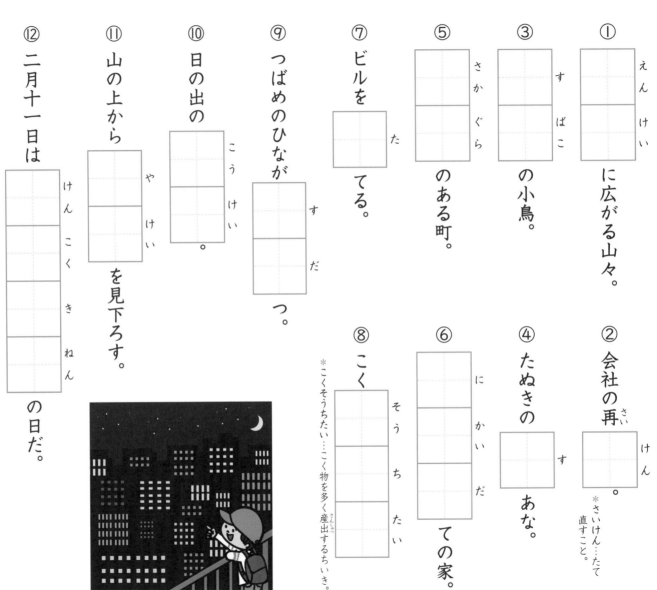

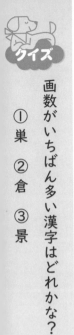

32 最・初・連・続・借

目標《もくひょう》 10分

月　日

とく点　点

最（12画）

つき出さない

読み方　音 サイ　訓 もっとも

部首　最（ひらび）

使い方　最悪《さいあく》　最後《さいご》　最高《さいこう》　最終回《さいしゅうかい》　最新《さいしん》　最年少《さいねんしょう》

初（7画）

わすれない

読み方　音 ショ　訓 はじめ　はじめて　はつ　(うい)　(そめる)

部首　初（かたな）

使い方　最初《さいしょ》　初夏《しょか》　初日《しょにち》　初歩《しょほ》　初日の出《はつひので》　初雪《はつゆき》

連（10画）

上の横ぼうより長く

読み方　音 レン　訓 つらなる　つらねる　つれる

部首　連（しんにょう・しんにゅう）

使い方　関連《かんれん》　連休《れんきゅう》　連日《れんじつ》　連勝《れんしょう》　連想《れんそう》　家族《かぞく》連《づ》れ

続（13画）

「土」としない

はねる

読み方　音 ゾク　訓 つづく　つづける

部首　続（いとへん）

使い方　持続《じぞく》　接続語《せつぞくご》　続出《ぞくしゅつ》　続行《ぞっこう》　連続《れんぞく》　手続《てつづ》き

借（10画）

上より長く

読み方　音 シャク　訓 かりる

部首　借（にんべん）

使い方　借地《しゃくち》　借家《しゃくや》　借用《しゃくよう》　借金《しゃっきん》　借《か》り物《もの》　前借《まえが》り

1 □に漢字を書きましょう。

一つ4点【40点】

① さいご

② さいねんしょう

③ さいしょ

④ はつゆき の日。

⑤ れんきゅう

⑥ 家族 づ れ

⑦ 接《せつ》 ぞく 語《ご》

⑧ て つづ き

⑨ しゃっきん

⑩ か り物

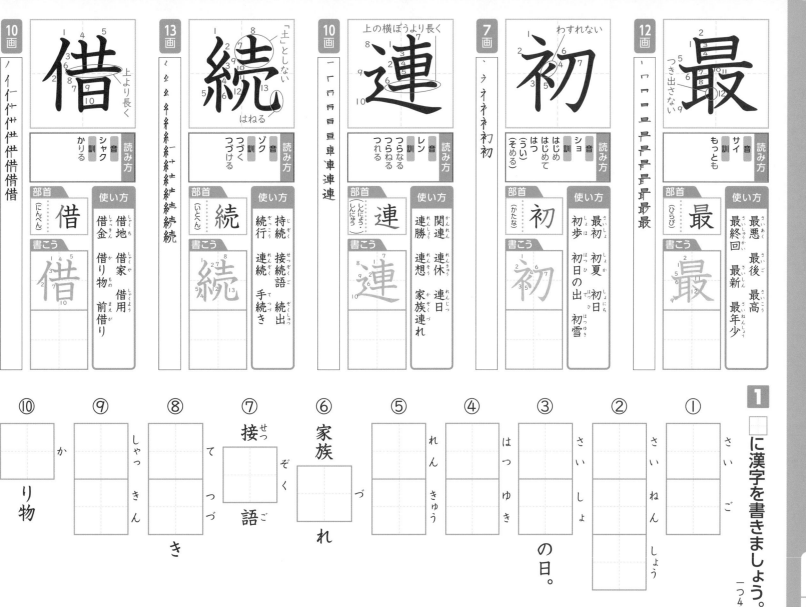

2 □にあてはまる漢字を書きましょう。

一つ5点【45点】

① □□《さいしん》の車。

② □《はじ》めての海外旅こう。

③ □□《れんしょう》記録《きろく》をのばす。

④ □□《しゃくや》に住む。

⑤ こづかいの□□《まえが》り。

⑥ てんらん会の□□《しょにち》。

⑦ 雨でも試合《しあい》□□《ぞっこう》だ。

⑧ この冬で□《もっと》も寒い日。

⑨ ドラマの□□□《さいしゅうかい》。

⑧「もっとも」は、「いちばん」という意味だよ。

3 ――線の言葉を、漢字と送りがなで（　）に書きましょう。

一つ5点【15点】

① 山々がつらなる。（　　）

② テニスの練習をつづける。（　　）

③ 友達《ともだち》から本をかりる。（　　）

クイズ

「初」を音読みするのはどれかな？

① 初雪　② 初夏　③ 初日の出

答え ▶ 109ページ

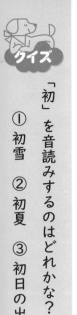

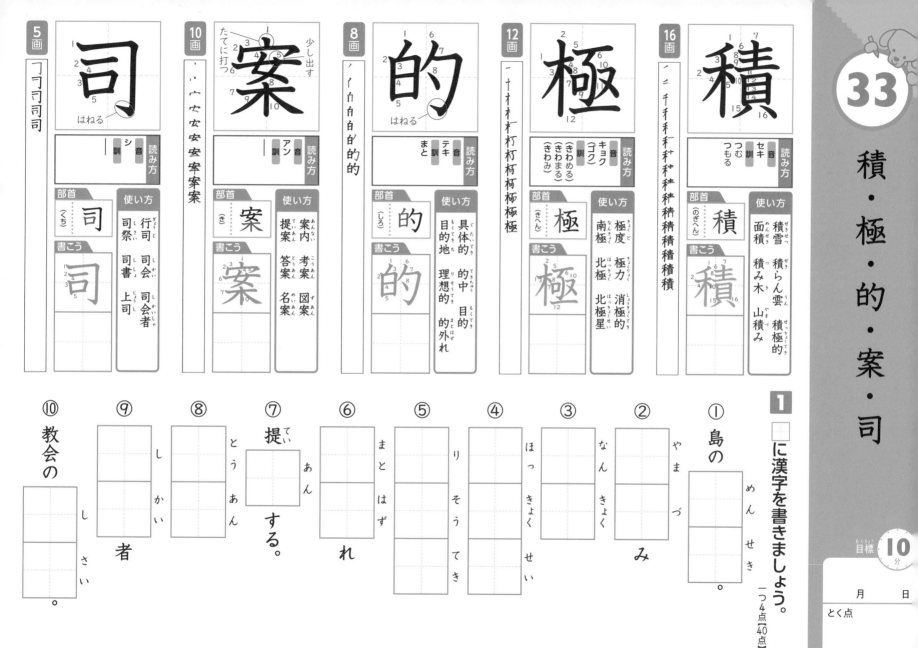

33 積・極・的・案・司

目標《もくひょう》 10分

月　日

とく点

点

積　16画

読み方　音　セキ　訓　つむ　つもる

部首　積（のぎへん）

使い方　積雪《せきせつ》　積《せき》らん雲《うん》　積極的《せっきょくてき》　面積《めんせき》　積《つ》み木《き》　山積《やまづ》み

極　12画

読み方　音　キョク　（ゴク）　訓　（きわめる）　（きわまる）　（きわみ）

部首　極（きへん）

使い方　極度《きょくど》　極力《きょくりょく》　消極的《しょうきょくてき》　南極《なんきょく》　北極《ほっきょく》　北極星《ほっきょくせい》

的　8画

はねる

読み方　音　テキ　訓　まと

部首　的（しろ）

使い方　具体的《ぐたいてき》　的中《てきちゅう》　目的《もくてき》　目的地《もくてきち》　理想的《りそうてき》　的外《まとはず》れ

案　10画

たてに打つ　少し出す

読み方　音　アン　訓　―

部首　案（き）

使い方　案内《あんない》　考案《こうあん》　図案《ずあん》　提案《ていあん》　答案《とうあん》　名案《めいあん》

司　5画

はねる

読み方　音　シ　訓　―

部首　司（くち）

使い方　行司《ぎょうじ》　司会《しかい》　司会者《しかいしゃ》　司祭《しさい》　司書《ししょ》　上司《じょうし》

1 □に漢字を書きましょう。

一つ4点【40点】

① 島の□□《めんせき》。

② □□《やまづ》み

③ □□《なんきょく》

④ □□□《ほっきょくせい》

⑤ □□□《りそうてき》

⑥ □□《まとはず》れ

⑦ 提《てい》□《あん》する。

⑧ □□《とうあん》

⑨ □□《しかい》者

⑩ 教会の□□《しさい》。

2 □にあてはまる漢字を書きましょう。

一つ5点【60点】

① ポスターの□□《ずあん》。

② 番組の□□《しかい》をする。

③ □□《きょくど》につかれる。

＊きょくど…とてもひどく。

④ 雪が□《つ》もる。

⑤ 名所を□□《あんない》する。

⑥ あこがれの□《まと》。

⑦ 予想が□□《てきちゅう》する。

⑧ すもうの□□《ぎょうじ》。

＊ぎょうじ…すもうの勝ち負けを判定《はんてい》する人。

⑨ □□《せきせつ》量《りょう》

⑩ □□□《せっきょくてき》に行動する。

⑪ □□□《ぐたいてき》な説明《せつめい》を聞く。

⑫ □□《きょくりょく》努力《どりょく》する。

＊きょくりょく…できるだけ、せいいっぱい。

クイズ

「司」の一画目はどこかな？

①司　②司　③司

答え ▶ 109ページ

34 特・別・参・加・清

特　10画

ノ 𠂉 牛 牛 牜 牪 牪 特 特 特

止める　はねる

読み方　音 トク　訓 —

部首　特（うしへん）

使い方　特技《とくぎ》　特集《とくしゅう》　特大《とくだい》　特長《とくちょう》　特定《とくてい》　特別《とくべつ》

書こう　特

別　7画

丨 口 口 号 另 別 別

つける　はねる

読み方　音 ベツ　訓 わかれる

部首　別（りっとう）

使い方　区別《くべつ》　種類別《しゅるいべつ》　別館《べっかん》　別人《べつじん》　別世界《べっせかい》　お別《わか》れ会《かい》

書こう　別

参　8画

厶 厶 厶 夫 矣 矣 参 参

「ミ」としない

読み方　音 サン　訓 まいる

部首　参（ム）

使い方　参考《さんこう》　参考書《さんこうしょ》　持参《じさん》　授業参観《じゅぎょうさんかん》　お宮参《みやまい》り　墓参《はかまい》り

書こう　参

加　5画

フ カ カ 加 加

はねる

読み方　音 カ　訓 くわえる　くわわる

部首　加（ちから）

使い方　加工《かこう》　加入《かにゅう》　加熱《かねつ》　参加《さんか》　増加《ぞうか》　追加《ついか》

書こう　加

清　11画

丶 冫 氵 氵 汁 汼 洼 浐 清 清 清

止める　はねる

読み方　音 セイ（ショウ）　訓 きよい　きよまる　きよめる

部首　清（さんずい）

使い方　清音《せいおん》　清潔《せいけつ》　清算《せいさん》　清書《せいしょ》　清流《せいりゅう》　清《きよ》らか

書こう　清

1 □に漢字を書きましょう。

一つ4点【40点】

① □《とく》技《ぎ》は手品だ。

② □□《とくてい》する。

③ □□《くべつ》

④ お□《わか》れ会

⑤ 授業《じゅぎょう》□□《さんかん》

⑥ お□□《みやまい》り

⑦ □□《さんか》する。

⑧ □□《ついか》

⑨ □《せい》潔《けつ》

⑩ □□《せいしょ》する。

目標《もくひょう》 10分

月　日

とく点　点

2 □にあてはまる漢字を書きましょう。

一つ5点【45点】

① □□□《しゅるいべつ》に分ける。

② 川の□□《せいりゅう》。

③ □《きよ》らかな歌声。

④ にているが□□《べつじん》だ。

⑤ お墓《はか》□《まい》り

⑥ 人口が増《ぞう》□《か》する。

⑦ 旅の□□《とくしゅう》記事。

⑧ □□《かこう》食品

⑨ □□□《さんこうしょ》を買う。

3 ——線の言葉を、漢字と送りがなで（　）に書きましょう。

一つ5点【15点】

① 初日《はつひ》の出《で》に心がきよまる。（　　　）

② 味付《あじつ》けに塩《しお》をくわえる。（　　　）

③ 校門で友達《ともだち》とわかれる。（　　　）

クイズ

「おわかれかい」を正しく書くとどれかな？

① お別かれ会　② お別会　③ お別れ会

答え ▶ 109ページ

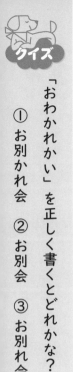

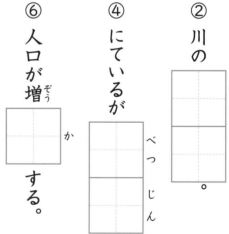

35 かくにんテスト⑤

名前

目標《もくひょう》 15分

月　日

とく点　点

1 □にあてはまる漢字を書きましょう。　一つ4点【40点】

① □□《さべつ》をなくす。

② □□《いっちょう》円の予算。

③ 作文の□□《ふくだい》。

④ 記《き》念《ねん》の□□《ぎんか》。

⑤ □□□《におくねん》前

⑥ 山梨県《やまなしけん》の□□《ぐんぶ》。

⑦ □□《かくしょ》の祭り。

⑧ □□《れんぞく》ドラマ

⑨ □□《おおぜき》と横づな。

⑩ 夏の□《せき》らん雲。

2 ――線の言葉を、漢字と送りがなで（　）に書きましょう。　一つ4点【12点】

① となりの空き地にビルがたつ。（　　）

② 台車に荷物をつむ。（　　）

③ 水を浴《あ》びて身をきよめる。（　　）

3 ――線の、漢字の読みがなを書きましょう。

一つ3点【24点】

① 本を借用する。
家を借りる。

② 行いを反省する。
文部科学省

③ 活動に参加する。
仲間《なかま》に加わる。

④ 特別なケーキ。
駅で別れる。

4 ――線の、漢字の読みがなを書きましょう。

一つ3点【24点】

① 風景画をかざる。

② 新学期最初の日。

③ 名案がうかぶ。

④ 積極的に発言する。

⑤ 食品の倉庫。

⑥ つばめの巣。

⑦ 江戸《えど》ばく府

⑧ 図書館司書

答え ▶ 109ページ

36 改・変・付・印・刷

目標《もくひょう》 10分

月 日

とく点

点

改

7画

改

「文」としない

止める

ㇷ コ 己 己' 己' 改 改

読み方
音 カイ
訓 あらためる あらたまる

部首
改（ぼくにょう・のぶん）

使い方
改行《かいぎょう》 改札《かいさつ》 改正《かいせい》
改造《かいぞう》 改築《かいちく》 改良《かいりょう》

書こう
改

変

9画

変

たてに打つ

はらう

丶 亠 亣 亦 亦 亦 亦 亦 変

読み方
音 ヘン
訓 かわる かえる

部首
変（すいにょう）

使い方
急変《きゅうへん》 大変《たいへん》 変化《へんか》
変形《へんけい》 変身《へんしん》 変わり目《め》

書こう
変

付

5画

付

はねる

ノ イ 仁 付 付

読み方
音 フ
訓 つける つく

部首
付（にんべん）

使い方
寄付《きふ》 送付《そうふ》 付近《ふきん》
付録《ふろく》 受付《うけつけ》 気付《きづ》く

書こう
付

印

6画

印

横につき出さない

はねる

ノ 厂 F E 印 印

読み方
音 イン
訓 しるし

部首
印（ふしづくり）

使い方
印象《いんしょう》 印象的《いんしょうてき》 消印《けしいん》
調印《ちょういん》 目印《めじるし》 矢印《やじるし》

書こう
印

刷

8画

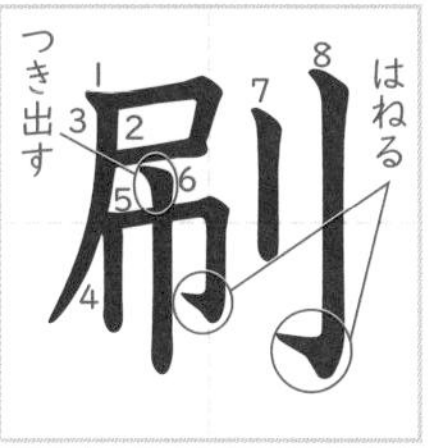

刷

つき出す

はねる

ㇷ コ 尸 尸 吊 吊 刷 刷

読み方
音 サツ
訓 する

部首
刷（りっとう）

使い方
印刷《いんさつ》 刷新《さっしん》 増刷《ぞうさつ》 色刷《いろず》り
刷《す》り上《あ》がる 刷《す》り物《もの》

書こう
刷

1 □に漢字を書きましょう。

一つ4点【40点】

① 機械《きかい》の□《かい》造《ぞう》。

② □□《かいりょう》を加《くわ》える。

③ □□《たいへん》寒い。

④ 季節《きせつ》の□《か》わり目。

⑤ □□《そうふ》先を記す。

⑥ □□《きづ》く

⑦ □《いん》象的《しょうてき》

⑧ □□《めじるし》

⑨ □□《いんさつ》

⑩ □《す》り物

2 □にあてはまる漢字を書きましょう。

一つ5点【45点】

① 自動□□《かいさつ》

② 公園の入り口□□《ふきん》。

③ 気温の□□《へんか》。

④ 寄《き》□《ふ》金《きん》を集める。

⑤ 手紙の□□《けしいん》。

⑥ □□《やじるし》でしめす。

⑦ 家を□《かい》築《ちく》する。

⑧ 政治《せいじ》を□□《さっしん》する。

＊さっしん…悪いところを取りのぞいて、全くあたらしくすること。

⑨ 動物図かんが□《す》り上がる。

3 ――線の言葉を、漢字と送りがなで（　）に書きましょう。

一つ5点【15点】

① 言葉づかいをあらためる。（　　　）

② 雨が雪にかわる。（　　　）

③ 服にボタンをつける。（　　　）

クイズ

「印」は何画で書くかな？

① 5画　② 6画　③ 7画

答え ▶ 110ページ

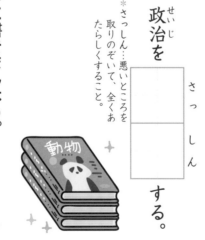

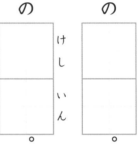

37 伝・達・議・録・標

目標《もくひょう》 10分

月　日

とく点　点

伝（6画）

読み方　音：デン　訓：つたわる　つたえる　つたう

部首：伝（にんべん）

使い方：駅伝《えきでん》　伝記《でんき》　伝言《でんごん》　伝説《でんせつ》　伝達《でんたつ》　言《い》い伝《つた》え

書こう：伝

達（12画）

「幸」としない

読み方　音：タツ　訓：

部首：達（しんにょう・しんにゅう）

使い方：上達《じょうたつ》　速達《そくたつ》　達人《たつじん》　達成《たっせい》　配達《はいたつ》　発達《はったつ》

書こう：達

議（20画）

わすれない

はねる

読み方　音：ギ　訓：

部首：議（ごんべん）

使い方：会議《かいぎ》　議員《ぎいん》　議題《ぎだい》　議長《ぎちょう》　決議《けつぎ》　不思議《ふしぎ》

書こう：議

録（16画）

「水」としない

読み方　音：ロク　訓：

部首：録（かねへん）

使い方：住所録《じゅうしょろく》　新記録《しんきろく》　登録《とうろく》　付録《ふろく》　録音《ろくおん》　録画《ろくが》

書こう：録

標（15画）

「西」としない

はねる

読み方　音：ヒョウ　訓：

部首：標（きへん）

使い方：標語《ひょうご》　標識《ひょうしき》　標準《ひょうじゅん》　標的《ひょうてき》　標本《ひょうほん》　目標《もくひょう》

書こう：標

1 □に漢字を書きましょう。

一つ4点【40点】

① □□（でんごん）

② 言い□（つた）え

③ □□（じょうたつ）

④ □□（そくたつ）

⑤ □□（かいぎ）

⑥ □□（ぎちょう）

⑦ 住所□（ろく）

⑧ 新□□（きろく）

⑨ □（ひょう）識《しき》

⑩ □□（ひょうほん）

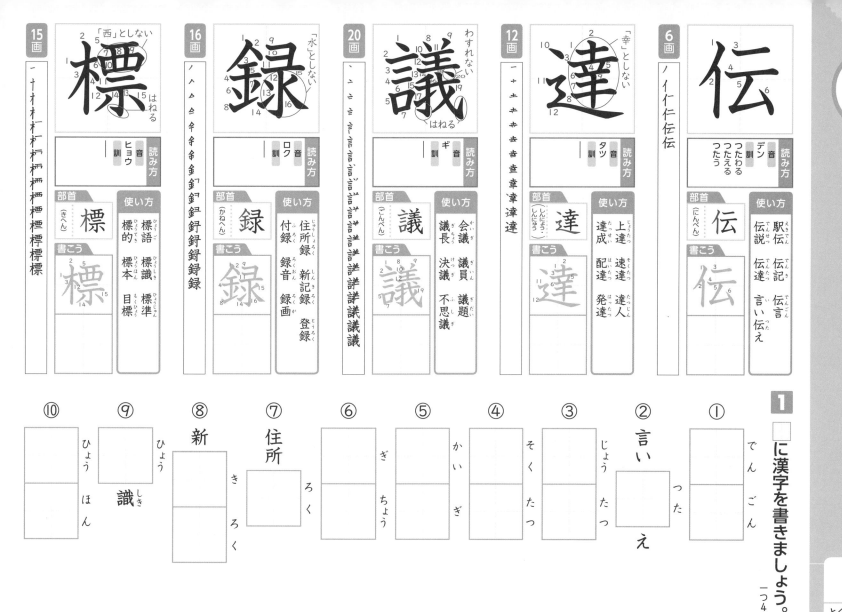

2 □にあてはまる漢字を書きましょう。

一つ5点【60点】

① □□《えきでん》の中けい。

② ゆう便《びん》を□□《はいたつ》する。

③ □□《ひょうてき》に矢を放つ。

＊ひょうてき…練習に使うまと。

④ ざっしの□□《ふろく》。

⑤ 兄はゲームの□□《たつじん》だ。

⑥ □□《もくひょう》を決める。

⑦ 国会□□《ぎいん》を選《えら》ぶ。

⑧ つなを□《つた》って登る。

⑨ 話し合いの□□《ぎだい》。

⑩ 図書館の□□《とうろく》カードを作る。

⑪ エジソンの□□《でんき》を読む。

⑫ □□□《ふしぎ》な出来事が起きた。

⑨の「ぎだい」は、かいぎで話し合う問だいのことだよ。

クイズ

「□音《ろくおん》」の□に入る漢字はどれかな？

① 緑 ② 線 ③ 録

答え ▷ 110ページ

38 勇・努・労・働・協

目標《もくひょう》 10分

月　日

とく点　点

勇 9画

「〃」としない　はねる

読み方　音 ユウ　訓 いさむ

部首 勇（ちから）

使い方：勇《ゆう》かん　勇気《ゆうき》　勇者《ゆうしゃ》　武勇伝《ぶゆうでん》　勇《いさ》ましい　勇《いさ》み足《あし》

努 7画

つけない　はねる

読み方　音 ド　訓 つとめる

部首 努（ちから）

使い方：努力《どりょく》　努力家《どりょくか》　努力賞《どりょくしょう》

労 7画

「ツ」としない

読み方　音 ロウ　訓 ―

部首 労（ちから）

使い方：過労《かろう》　きん労感謝《ろうかんしゃ》の日《ひ》　苦労《くろう》　功労賞《こうろうしょう》　心労《しんろう》　労力《ろうりょく》

働 13画

はねる　右上へはらう

読み方　音 ドウ　訓 はたらく

部首 働（にんべん）

使い方：実働《じつどう》　重労働《じゅうろうどう》　労働《ろうどう》　働《はたら》き　働《はたら》き手《て》　働《はたら》き者《もの》

協 8画

止める

読み方　音 キョウ　訓 ―

部首 協（じゅう）

使い方：協会《きょうかい》　協議《きょうぎ》　協調性《きょうちょうせい》　協同《きょうどう》　協同組合《きょうどうくみあい》　協力《きょうりょく》

1 □に漢字を書きましょう。

一つ4点【40点】

① （ゆう）かんに戦《たたか》う。

② （いさ）み足

③ （ど）（りょく）

④ （ど）（りょく）賞《しょう》

⑤ （ろう）（りょく）

⑥ （く）（ろう）

⑦ （ろう）（どう）

⑧ （はたら）き手

⑨ （きょう）（ちょう）性《せい》

⑩ （きょう）（どう）組合

2 □にあてはまる漢字を書きましょう。

一つ5点【45点】

① □□《ゆうき》のある行動。

② □□《じつどう》時間

＊じつどう…じっさいにはたらくこと。

③ みんなで□□《きょうりょく》する。

④ 過《か》□《ろう》でたおれる。

＊過ろう…はたらきすぎること。

⑤ きん□《ろう》感謝《かんしゃ》の日

⑥ 市の国際《こくさい》交流□□《きょうかい》。

⑦ 姉は□□□《どりょくか》だ。

⑧ クラスで□□《きょうぎ》する。

＊きょうぎ…集まって相談すること。

⑨ 畑仕事は□□□《じゅうろうどう》だ。

⑧の「きょう」は「共」とまちがえないでね。

3 ——線の言葉を、漢字と送りがなで（　）に書きましょう。

一つ5点【15点】

① いさましい行進曲で入場する。（　　）

② 相手を理解《りかい》しようとつとめる。（　　）

③ 地球と月の間に引りょくがはたらく。（　　）

クイズ

部首が「力（ちから）」でない漢字はどれかな？

①協　②努　③労

答え ▷ 110ページ

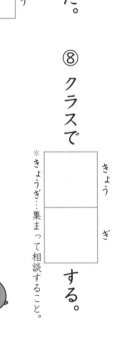

39 選・挙・説・管・官

目標《もくひょう》 10分

月　日

とく点　点

選　15画

上よりも長く

読み方	
音	セン
訓	えらぶ

部首：選（しんにょう・しんにゅう）

使い方：選考《せんこう》　選手《せんしゅ》　当選《とうせん》　入選《にゅうせん》　予選《よせん》　落選《らくせん》

書こう：選

挙　10画

「⺍」としない　9はねる

読み方	
音	キョ
訓	あげる　あがる

部首：挙（て）

使い方：快挙《かいきょ》　挙行《きょこう》　挙式《きょしき》　挙手《きょしゅ》　選挙《せんきょ》　列挙《れっきょ》

書こう：挙

説　14画

「ハ」としない　はねる

読み方	
音	セツ（ゼイ）
訓	とく

部首：説（ごんべん）

使い方：解説《かいせつ》　小説《しょうせつ》　説得《せっとく》　説明《せつめい》　伝説《でんせつ》　力説《りきせつ》

書こう：説

管　14画

たてに打つ　上より少し大きく

読み方	
音	カン
訓	くだ

部首：管（たけかんむり）

使い方：管楽器《かんがっき》　管理《かんり》　気管《きかん》　血管《けっかん》　試験管《しけんかん》　水道管《すいどうかん》

書こう：管

官　8画

たてに打つ　上より少し大きく

読み方	
音	カン
訓	―

部首：官（うかんむり）

使い方：外交官《がいこうかん》　官公《かんこう》ちょう　器官《きかん》　教官《きょうかん》　けい察官《さつかん》　さい判官《ばんかん》

書こう：官

1 □に漢字を書きましょう。　一つ4点【40点】

① □□《せんしゅ》

② □□《よせん》

③ 快《かい》□《きょ》

④ 次の□□《せんきょ》。

⑤ □《せっ》得《とく》

⑥ □□《でんせつ》

⑦ □□《かんり》

⑧ □□《けっかん》

⑨ けい□□《さつかん》

⑩ さい判《ばん》□《かん》

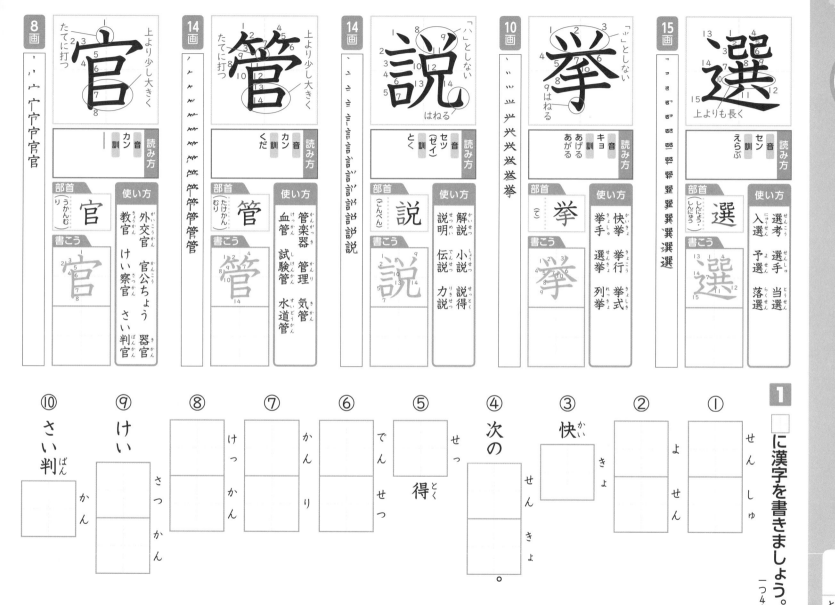

2 □にあてはまる漢字を書きましょう。

一つ5点【50点】

① □□《きょしゅ》して意見を言う。

② すい理□□《しょうせつ》

③ 会長に□□《とうせん》する。

④ 理由を□□《せつめい》する。

⑤ 教えを□《と》く。

⑥ 良《よ》い所を□□《れっきょ》する。

＊れっきょ…一つ一つならべあげること。

⑦ ちょうの口は□《くだ》のようだ。

⑧ 自動車学校の□□《きょうかん》。

⑨ 父は□□□《がいこうかん》だ。

＊がいこうかん…がい国に行って、その国との話し合いなどの仕事をする人。

⑩ トランペットは□□□《かんがっき》の一つだ。

⑧⑨の「かん」と⑩の「かん」、訓読《くんよ》みの「くだ」があるのは どっちか、考えてね。

3 ——線の言葉を、漢字と送りがなで（　）に書きましょう。

一つ5点【10点】

① 好《す》きな果物《くだもの》を<u>えらぶ</u>。

（　　　）

② 結《けっ》こん式を<u>あげる</u>。

（　　　）

クイズ

「水道□《すいどうかん》」の□に入る漢字はどれかな？

①官　②管　③宮

答え ▶ 110ページ

40 法・令・民・臣・票

目標《もくひょう》 10分

月　日

とく点　　点

法（8画）

書き順：丶 冫 氵 汁 汁 注 法 法

下を長く

読み方　音　ホウ（ハッ）（ホッ）　訓　―

部首　法（さんずい）

使い方　作法《さほう》　文法《ぶんぽう》　法則《ほうそく》　方法《ほうほう》　法《ほう》りつ　用法《ようほう》

書こう　法

令（5画）

書き順：ノ 人 𠆢 今 令

あけない　「ラ」としない

読み方　音　レイ　訓　―

部首　令（ひとやね）

使い方　号令《ごうれい》　司令官《しれいかん》　年令《ねんれい》　法令《ほうれい》　命令《めいれい》　令和《れいわ》

書こう　令

民（5画）

書き順：フ コ 巳 巳 民

読み方　音　ミン　訓　（たみ）

部首　民（うじ）

使い方　公民館《こうみんかん》　国民《こくみん》　市民《しみん》　住民《じゅうみん》　民間《みんかん》　民宿《みんしゅく》

書こう　民

臣（7画）

書き順：一 丅 ㄈ 円 円 臣 臣

立てる

読み方　音　シン　ジン　訓　―

部首　臣（しん）

使い方　家臣《かしん》　重臣《じゅうしん》　臣下《しんか》　国務大臣《こくむだいじん》　総理大臣《そうりだいじん》　大臣《だいじん》

書こう　臣

票（11画）

書き順：一 丅 丙 丙 襾 襾 西 覀 覀 票 票

「西」としない　はねる

読み方　音　ヒョウ　訓　―

部首　票（しめす）

使い方　一票《いっぴょう》　開票《かいひょう》　伝票《でんぴょう》　投票《とうひょう》　得票《とくひょう》　票決《ひょうけつ》

書こう　票

1 □に漢字を書きましょう。

一つ4点【40点】

① □□（ほうほう）

② □（ほう）りつ

③ □□（めいれい）

④ □□（ねんれい）

⑤ □□（じゅうみん）

⑥ □□（みんかん）

⑦ □□（かしん）

⑧ 総理《そうり》□□（だいじん）

⑨ □□（でんぴょう）

⑩ 得《とく》□（ひょう）

2 □にあてはまる漢字を書きましょう。

一つ5点【60点】

① 食事の□□《さほう》。

② □□《こくみん》のけん利《り》。

③ □□《ほうれい》を定める。

④ □□《とうひょう》で決める。

⑤ 英語《えいご》の□□《ぶんぽう》。

＊ぶんぽう…言葉のはたらきや、ぶん章の組み立ての決まり。

⑥ □□《ごうれい》をかける。

⑦ □□《みんしゅく》にとまる。

⑧ 徳川家《とくがわけ》の□□《じゅうしん》。

＊じゅうしん…大切な役目についている家来。

⑨ 国務《こくむ》□□《だいじん》

⑩ □□《れいわ》の元《げん》ごう。

⑪ 選挙《せんきょ》の□□《かいひょう》結果《けっか》を知らせる。

⑫ □□《しみん》の代表に期待する。

⑩「れいわ」の「れい」は、同じ音読みの「冷」とまちがえないようにね。

クイズ

「臣」を「ジン」と読むのはどれかな？

① 家臣　② 臣下　③ 大臣

答え ▶ 110ページ

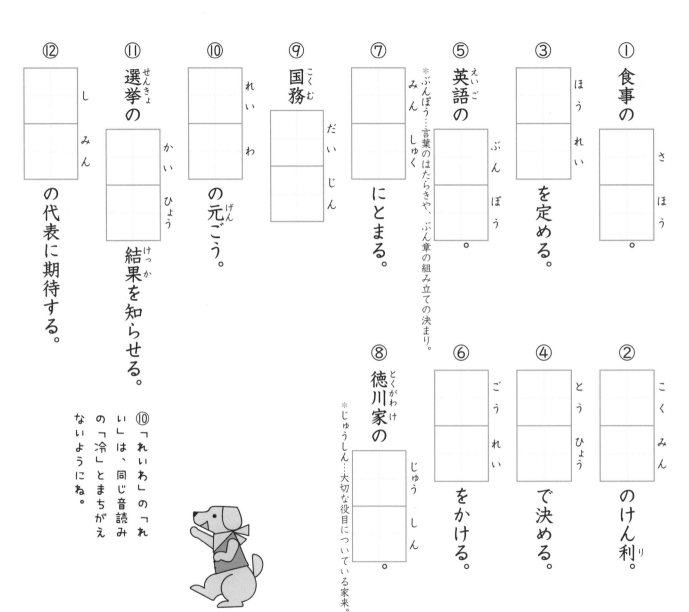

41 軍・兵・隊・旗・輪

軍 9画

「冖」としない
やや長めに

筆順：軍

読み方　音 グン　訓 ―

部首：軍（くるま）

使い方：海軍《かいぐん》　軍記物語《ぐんきものがたり》　軍人《ぐんじん》　軍手《ぐんて》　軍配《ぐんばい》　大軍《たいぐん》

書こう：軍

兵 7画

つけない

筆順：丘 兵 兵

読み方　音 ヘイ・ヒョウ　訓 ―

部首：兵（はち）

使い方：挙兵《きょへい》　兵器《へいき》　兵士《へいし》　兵隊《へいたい》　兵力《へいりょく》　兵庫県《ひょうごけん》

書こう：兵

隊 12画

筆順：隊

読み方　音 タイ　訓 ―

部首：隊（こざとへん）

使い方：音楽隊《おんがくたい》　軍隊《ぐんたい》　隊員《たいいん》　隊長《たいちょう》　隊列《たいれつ》　部隊《ぶたい》

書こう：隊

旗 14画

つき出す
はねる

筆順：旗

読み方　音 キ　訓 はた

部首：旗（かたへん）

使い方：旗手《きしゅ》　校旗《こうき》　国旗《こっき》　ゆう勝旗《しょうき》　手旗信号《てばたしんごう》

書こう：旗

輪 15画

筆順：輪

読み方　音 リン　訓 わ

部首：輪（くるまへん）

使い方：一輪《いちりん》　車輪《しゃりん》　年輪《ねんりん》　輪唱《りんしょう》　首輪《くびわ》　指輪《ゆびわ》

書こう：輪

目標《もくひょう》 10分

月　日

とく点　点

1 □に漢字を書きましょう。 一つ4点【40点】

① かいぐん

② ぐんじん の話。

③ へい 士《し》

④ へいりょく

⑤ ぐんたい

⑥ たいいん の数。

⑦ こっき の本。

⑧ てばた 信号《しんごう》

⑨ しゃりん

⑩ くびわ

2 □にあてはまる漢字を書きましょう。

一つ5点【60点】

① ゆう勝□《き》をかかげる。

② □□《たいれつ》を組む。

③ □□《へいき》をすてる。

＊へいき…戦争《せんそう》で使う道具。ぶき。

④ □□《へいたい》の行進。

⑤ 行司《ぎょうじ》の□□《ぐんばい》。

＊ぐんばい…すもうの行司が使ううちわの形をしたもの。

⑥ □□□《ひょうごけん》

⑦ □□《いちりん》のばらの花。

⑧ □□《きしゅ》をつとめる。

＊きしゅ…行進などで、先に立ってはたを持つ人。

⑨ □□《ぐんき》物語

⑩ □□《ゆびわ》をはめる。

⑪ □□□《おんがくたい》のえんそうを聞く。

⑫ □《はた》をふって、おうえんする。

クイズ

訓《くん》読《よ》みのない漢字はどれかな？

① 輪　② 隊　③ 旗

答え ▶ 110ページ

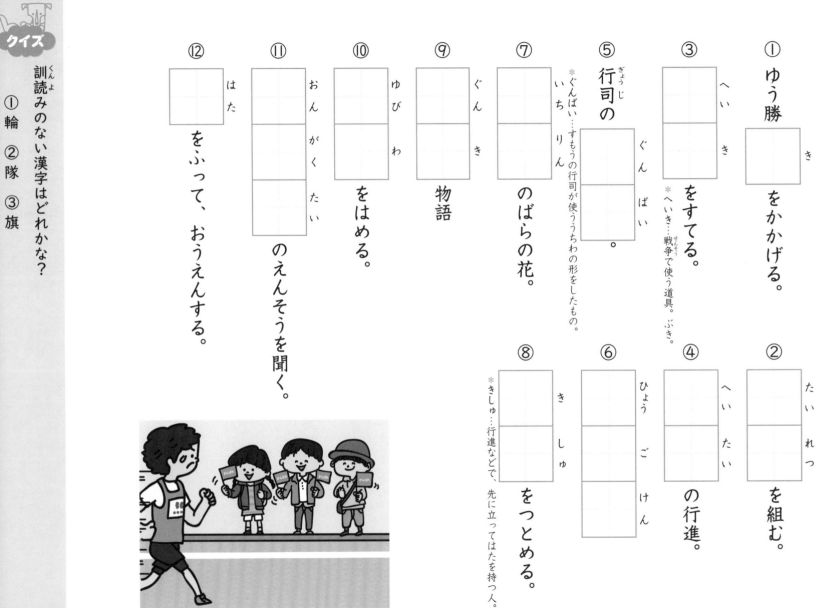

42 かくにんテスト⑥

名前

目標《もくひょう》 15分

月　日

とく点　　点

1 □にあてはまる漢字を書きましょう。

一つ4点【40点】

① 交通が□□《はったつ》する。

② □□《きょうどう》組合

③ 新聞を□□《いんさつ》する。

④ 代表を□□《せんきょ》でえらぶ。

⑤ 一日八時間の□□《ろうどう》。

⑥ 木の□□《ねんりん》を調べる。

⑦ 町の□□□《こうみんかん》。

⑧ 国会で□□《けつぎ》する。

⑨ 総理《そうり》□□《だいじん》

⑩ □□《こうき》をかかげる。

＊こうき…がっこうのしるしとするはた。

2 ――線の言葉を、漢字と送りがなで（　）に書きましょう。

一つ4点【8点】

① 気持ちを<u>つたえる</u>。（　　）

② 新しい元号に<u>あらたまる</u>。（　　）

3 ――線の、漢字の読みがなを書きましょう。　一つ3点【12点】

① ヒーローに変身する。
　すがたを変える。

② 真の勇者。
　よろこび勇む。

4 ――線の、漢字の読みがなを書きましょう。　一つ3点【24点】

① 安全第一を力説する。

② 大軍がおしよせる。

③ かん末《まつ》の付録。

④ 挙兵して戦《たたか》う。

⑤ 努力賞《しょう》をもらう。

⑥ 隊長をまかせる。

⑦ 法令にしたがう。

⑧ 輪唱で歌う。

5 □に、同じ読み方で意味のちがう漢字を書きましょう。　一つ4点【16点】

① 得《とく》□《ひょう》率《りつ》が高い。
　□《ひょう》語を決める。

② □□《きかん》をいためる。
　＊きかん…のどからはいに通じる空気の通るくだ。
　いは消化□□《きかん》だ。

答え ▶ 110ページ

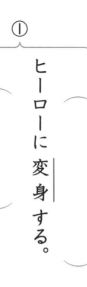

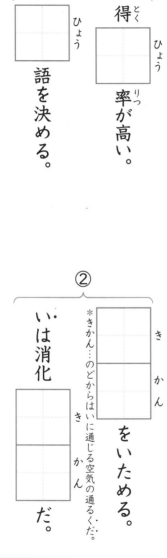

43 茨・城・媛・岡・潟

茨（9画）
一 十 廾 艹 艹 艹 芀 芀 茨
読み方　音 ―　訓 いばら
部首　茨（くさかんむり）
使い方　茨城県《いばらきけん》　茨《いばら》の道《みち》
はねる

城（9画）
一 十 土 圹 圻 城 城 城 城
読み方　音 ジョウ　訓 しろ
部首　城（つちへん）
使い方　古城《こじょう》　城下町《じょうかまち》　城主《じょうしゅ》　城《しろ》あと　城構《しろがま》え　宮城県《みやぎけん》
はねる

媛（12画）
く 女 女 女 女 女 女 妒 娐 婷 媛 媛
読み方　音 （エン）　訓 ―
部首　媛（おんなへん）
使い方　愛媛県《えひめけん》・愛媛大学《えひめだいがく》

岡（8画）
丨 冂 冂 円 円 冈 岡 岡
読み方　音 ―　訓 おか
部首　岡（やま）
使い方　岡崎市《おかざきし》　岡持《おかも》ち　岡山県《おかやまけん》　静岡県《しずおかけん》　福岡県《ふくおかけん》
はねる

潟（15画）
丶 冫 氵 氵 氵 氵 泊 泊 泊 泻 泻 潟 潟 潟 潟
読み方　音 ―　訓 かた
部首　潟（さんずい）
使い方　新潟駅《にいがたえき》　新潟県《にいがたけん》　新潟市《にいがたし》　ひ潟《がた》
はねる

目標《もくひょう》 10分
月　日
とく点
点

1 □に漢字を書きましょう。
一つ4点【40点】

① いばらき □□ 県
② いばら □ の道。
③ じょうしゅ □□
④ しろ □ 構《がま》え
⑤ えひめ □□ 県
⑥ えひめだいがく □□□□
⑦ おかやま □□ 県
⑧ ふくおか □□ 県
⑨ にいがた □□ 県
⑩ ひ がた □

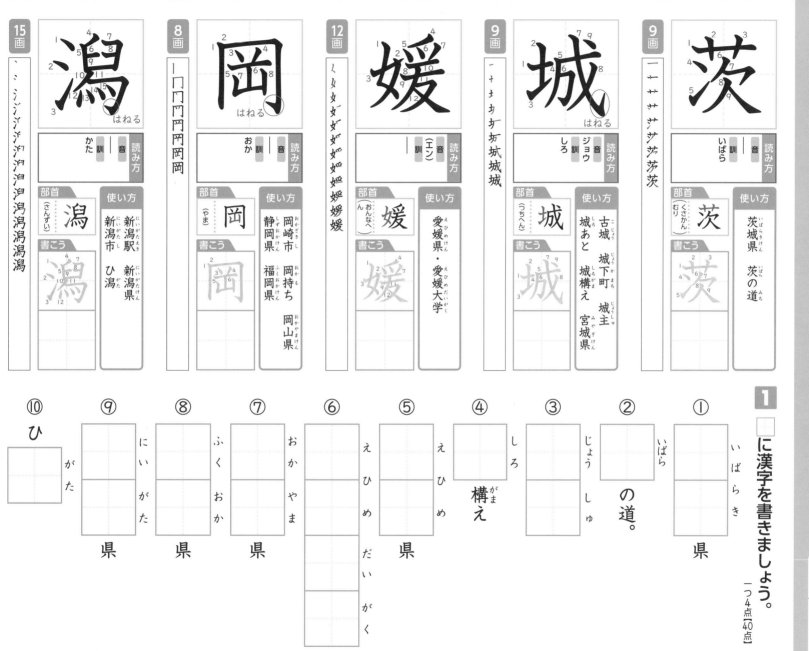

2 □にあてはまる漢字を書きましょう。

一つ5点【60点】

① □（いばら）の道を歩む。

＊いばらの道…苦なんの多い人生。

② □□（にいがた）の米。

③ □（しろ）あとの公園。

④ □□（しずおか）の茶畑。

⑤ □□（えひめ）のみかん。

⑥ □□□（じょうかまち）の風景《ふうけい》。

⑦ □□（おかやま）のもも。

⑧ □□（いばらき）県水戸《みと》市

⑨ □□（みやぎ）県仙台《せんだい》市

⑩ ひ□（がた）で、しおひがりをする。

⑪ □□（えひめ）県の松山《まつやま》じょう。

⑫ □（おか）持ちで料理《りょうり》を運ぶ。

＊おか持ち…平たくて、持ち手とふたがある浅《あさ》いおけ。

「ひがた」は、遠浅《とおあさ》の海岸で、しおが引いてあらわれた所だよ。

クイズ

画数のいちばん少ない漢字はどれかな？

①城　②岡　③茨

答え ▶ 111ページ

44 滋・賀・佐・岐・阜

目標《もくひょう》 10分

月　日

とく点

点

滋

12画

読み方　音 (ジ)　訓

部首　氵（さんずい）

使い方　滋賀県《しがけん》　滋賀大学《しがだいがく》

書こう

賀

12画

読み方　音 ガ　訓

部首　貝（こがい・かい）

使い方　賀正《がしょう》　参賀《さんが》　滋賀県《しがけん》　祝賀会《しゅくがかい》　年賀状《ねんがじょう》

書こう

佐

7画

読み方　音 サ　訓

部首　亻（にんべん）

使い方　佐賀県《さがけん》　大佐《たいさ》　ほ佐《さ》

書こう

岐

7画

はらう

読み方　音 (キ)　訓

部首　山（やまへん）

使い方　岐阜駅《ぎふえき》　岐阜城《ぎふじょう》　岐阜県《ぎふけん》　岐阜市《ぎふし》

書こう

阜

8画

読み方　音 フ　訓

部首　阜（こざと・おか）

使い方　岐阜駅《ぎふえき》　岐阜市《ぎふし》　岐阜県《ぎふけん》　岐阜城《ぎふじょう》

書こう

1 □に漢字を書きましょう。

一つ4点【40点】

① □《しが》県

② □《しがだいがく》

③ □《がしょう》

④ □《ねんが》状《じょう》

⑤ □《さが》県

⑥ □《たいさ》の階級。

⑦ □《ぎふ》駅

⑧ □《ぎふ》県

⑨ □《ぎふ》市

⑩ □《ぎふじょう》

2 □にあてはまる漢字を書きましょう。

一つ5点【60点】

① □□《ぎふ》の花火大かい。

② □□《しが》県大津《おおつ》市

③ □□《ねんが》状《じょう》を出す。

④ □□《たいさ》の命令《めいれい》。

⑤ □□《しが》の琵琶湖《びわこ》。

⑥ □□□《ぎふじょう》

⑦ かい長をほ□《さ》する。

⑧ 一ぱん□□《さんが》

＊さんが…新ねんなどにこうきょに行っておいわいすること。

⑨ 九州《きゅうしゅう》の□□《さが》県。

⑩ □□《ぎふ》県は、七つの県にせっしている。

⑪ ゆう勝□□□《しゅくがかい》が行われる。

⑫ □□《さが》で気球に乗る。

クイズ

画数のいちばん多い漢字はどれかな？

①阜　②佐　③岐

答え ▶ 111ページ

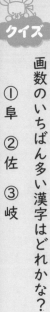

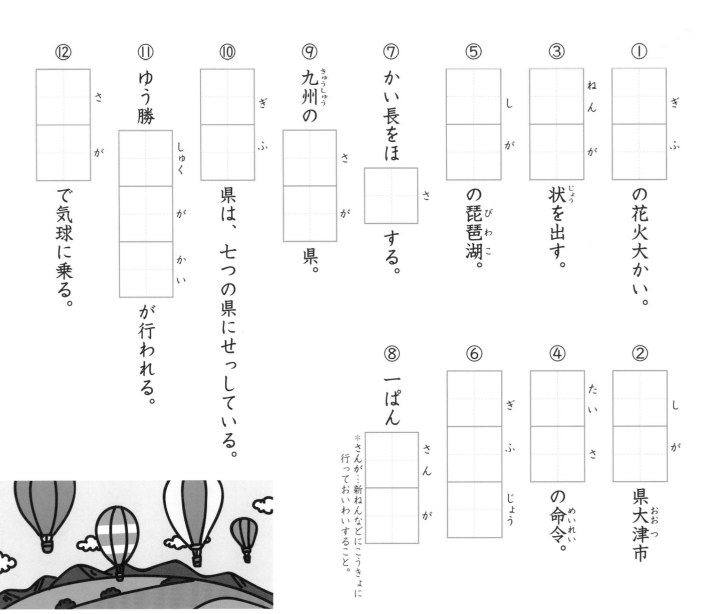

45 熊・群・香・埼・崎

目標《もくひょう》 10分

月　日

とく点

点

熊　14画

読み方　音 ―　訓 くま

部首　熊（れんが・れっか）

使い方　熊手《くまで》　熊《くま》ばち　熊本県《くまもとけん》　熊本市《くまもとし》　熊本城《くまもとじょう》

群　13画

つき出さない

読み方　音 グン　訓 むれる　むれ　むら

部首　群（ひつじ）

使い方　群集《ぐんしゅう》　群生《ぐんせい》　群馬県《ぐんまけん》　大群《たいぐん》　羊《ひつじ》の群《む》れ

香　9画

読み方　音 (コウ) (キョウ)　訓 か　かおり　かおる

部首　香（か・かおり）

使い方　香川県《かがわけん》　香川大学《かがわだいがく》　ばらの香《かお》り　ゆりが香《かお》る

埼　11画

はねる

読み方　音 ―　訓 さい

部首　埼（つちへん）

使い方　埼京線《さいきょうせん》　埼玉県《さいたまけん》　埼玉大学《さいたまだいがく》

崎　11画

はねる

読み方　音 ―　訓 さき

部首　崎（やまへん）

使い方　大間崎《おおまざき》　長崎県《ながさきけん》　三崎漁港《みさきぎょこう》　宮崎県《みやざきけん》

1 □に漢字を書きましょう。　一つ4点【40点】

① □□《くまもと》県

② □□□《くまもとじょう》

③ □□《ぐんま》県

④ 羊の□《む》れ。

⑤ □□《かがわ》県

⑥ ばらの□《かお》り。

⑦ □□□《さいきょうせん》

⑧ □□《さいたま》県

⑨ □□《ながさき》県

⑩ □□《みやざき》県

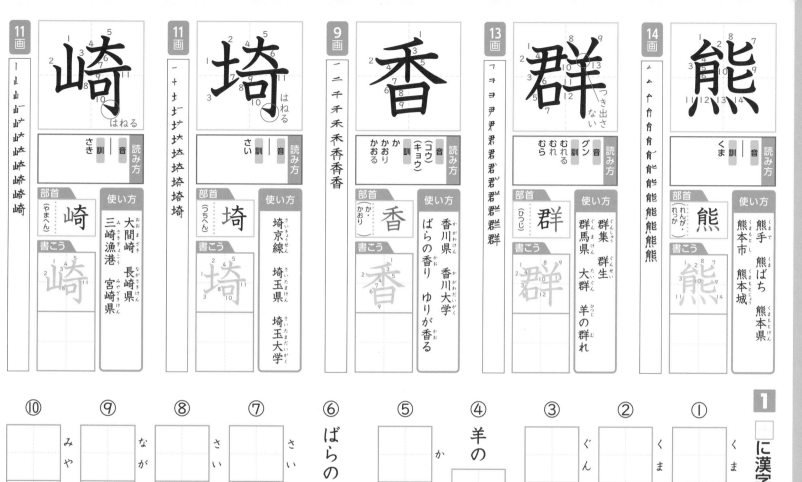

2 □にあてはまる漢字を書きましょう。

一つ5点【50点】

① こいが□《むら》がる。

② □《くま》の親子。

③ □□《さいたま》県に住む。

④ □□《ぐんま》のだるま。

⑤ □□《くまもと》ラーメンを食べる。

⑥ □□《かがわ》のうどん。

⑦ 魚の□□《たいぐん》。

⑧ □□《みやざき》のマンゴー。

⑨ □□《ながさき》の平和公園をおとずれる。

⑩ □□□《さいきょうせん》に乗りかえる。

3 ――線の言葉を、漢字と送りがなで（　）に書きましょう。

一つ5点【10点】

① ゆりの花がかおる。（　　　）

② 羊が草原にむれる。（　　　）

クイズ

音読みのある漢字はどれかな？

①熊　②崎　③群

答え ▷ 111ページ

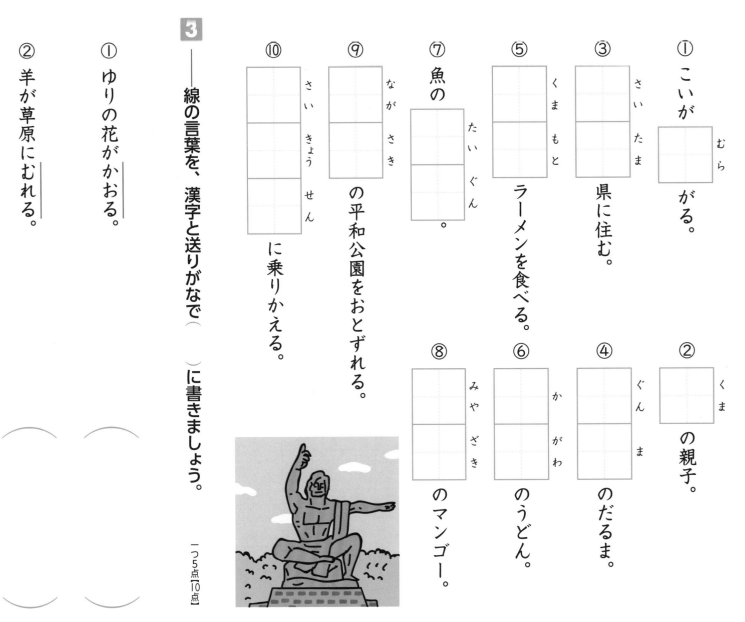

46 鹿・井・沖・縄・徳

目標《もくひょう》 10分

月　日

とく点　　点

鹿（11画）

読み方　音 ―　訓 しか　か

部首　鹿（しか）

使い方　子鹿《こじか》　鹿児島県《かごしまけん》　鹿島灘《かしまなだ》　鹿《か》の子《こ》

書こう　鹿

井（4画）

読み方　音（セイ）（ショウ）　訓 い

部首　井（に）

使い方　井戸《いど》　福井駅《ふくいえき》　福井県《ふくいけん》　福井市《ふくいし》

書こう　井

沖（7画）

読み方　音（チュウ）　訓 おき

部首　沖（さんずい）

使い方　沖合《おきあ》い　沖合漁業《おきあいぎょぎょう》　沖縄県《おきなわけん》

書こう　沖

縄（15画）

読み方　音（ジョウ）　訓 なわ

部首　縄（いとへん）

使い方　沖縄県《おきなわけん》　縄《なわ》とび　縄《なわ》ばしご　縄張《なわば》り　一《ひと》すじ縄《なわ》

書こう　縄

徳（14画）

読み方　音 トク　訓 ―

部首　徳（ぎょうにんべん）

使い方　悪徳《あくとく》　人徳《じんとく》　道徳《どうとく》　徳島県《とくしまけん》　徳用品《とくようひん》　美徳《びとく》

書こう　徳

1 □に漢字を書きましょう。（一つ4点【40点】）

① □□《こじか》

② □□□《かごしま》県

③ □□《いど》水

④ □□《ふくい》県

⑤ □□《おきあ》い

⑥ □□《おきなわ》県

⑦ □《なわ》とび

⑧ □《なわ》ばしご

⑨ □□《どうとく》

⑩ □□《とくしま》県

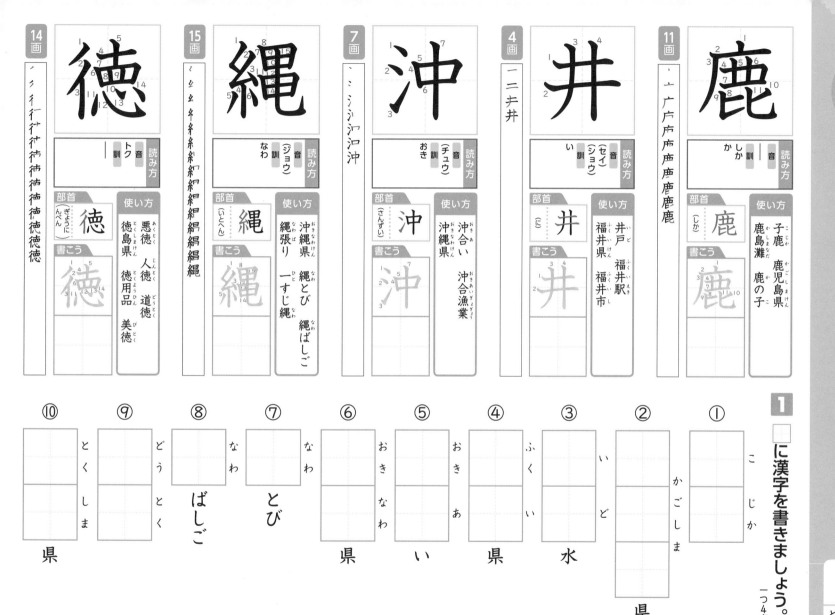

2 □にあてはまる漢字を書きましょう。

一つ5点【60点】

① □□《とくしま》県のすだち。

② かわいい□□《こじか》。

③ □□《おきなわ》の海。

④ □□□《かごしま》のかき氷。

⑤ 冷《つめ》たい□□《いど》水。

⑥ □□《どうとく》心を育てる。

⑦ □□《ふくい》県のお寺。

⑧ □□《あくとく》商法《しょうほう》。

⑨ □□《かしま》灘《なだ》を大型《おおがた》タンカーが往来《おうらい》する。

＊かしま灘…千葉《ちば》県犬吠埼《いぬぼうさき》から茨城《いばらき》県大洗岬《おおあらいみさき》にわたるおきあいの海。

⑩ □□□《とくようひん》のせんざいを買う。

⑪ 船から□《なわ》ばしごで下りる。

⑫ □□□□《おきあいぎょぎょう》に出る。

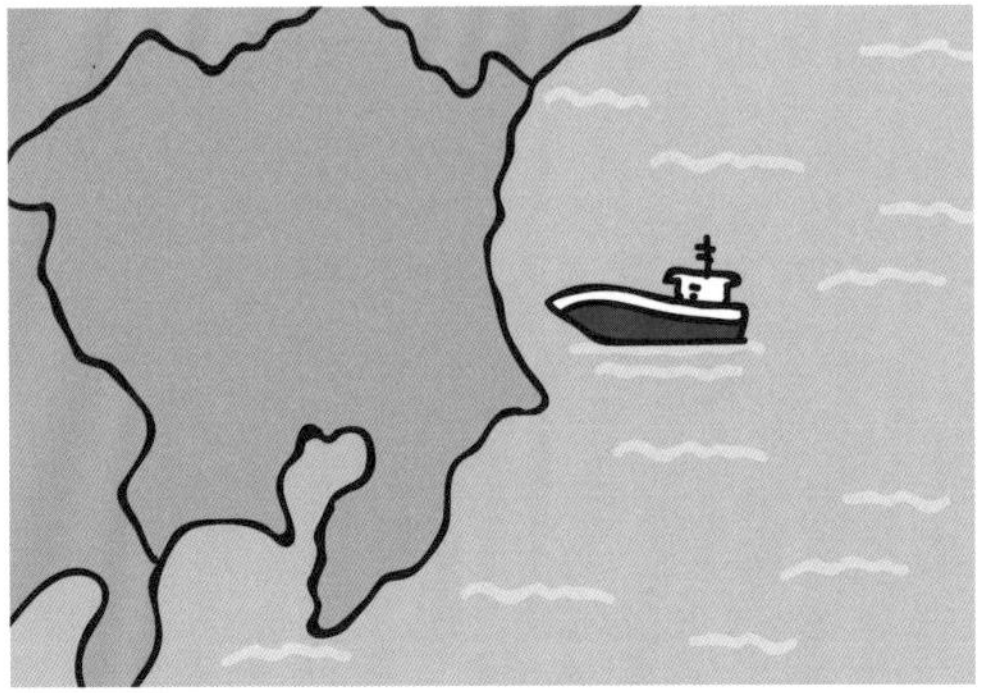

クイズ

訓《くん》読《よ》みのない漢字はどれかな？

①井　②徳　③沖

答え ▷ 111ページ

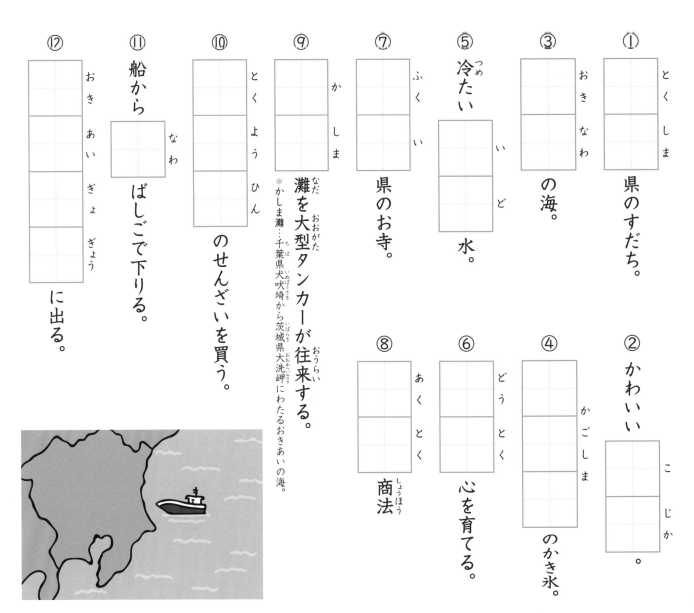

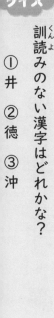

47

栃・奈・梨・阪・富

目標《もくひょう》 10分

月　日

とく点

点

栃

9画

はねる

一 十 オ 木 木' 木" 杤 栃 栃

読み方　音 ―　訓 とち

部首 栃（きへん）

使い方　栃木県《とちぎけん》　栃木市《とちぎし》　栃《とち》の実《み》　栃《とち》もち

書こう

奈

8画

一 ナ 大 太 夲 夲 奈 奈

読み方　音 ナ　訓 ―

部首 奈（だい）

使い方　神奈川県《かながわけん》　奈落《ならく》　奈良県《ならけん》　奈良公園《ならこうえん》

書こう

梨

11画

はねる

一 二 千 千 禾 利 利 利 犁 梨 梨

読み方　音 ―　訓 なし

部首 梨（き）

使い方　梨《なし》がり　梨《なし》のつぶて　梨《なし》の花《はな》　山梨県《やまなしけん》　洋梨《ようなし》

書こう

阪

7画

⁊ ß ß' 阝 阞 阪 阪

読み方　音（ハン）　訓 ―

部首 阪（こざとへん）

使い方　大阪国際空港《おおさかこくさいくうこう》　大阪城《おおさかじょう》　大阪《おおさか》ドーム　大阪府《おおさかふ》

書こう

富

12画

丶 丶' 宀 宀 宀 宀 宀 宀 宀 富 富 富

読み方　音 フ（フウ）　訓 と-む　とみ

部首 富（うかんむり）

使い方　貧富《ひんぷ》　富強《ふきょう》　富《ふ》ごう　豊富《ほうふ》　きょ万《まん》の富《とみ》　富山県《とやまけん》

書こう

1 □に漢字を書きましょう。

一つ4点【40点】

① □□《とちぎ》県

② □《とち》の実

③ □□□《かながわ》県

④ □□《なら》県

⑤ □《なし》がり

⑥ □□《やまなし》県

⑦ □□□《おおさかじょう》

⑧ □□□《おおさかふ》

⑨ 豊《ほう》□《ふ》

⑩ □□《とやま》県

2 □にあてはまる漢字を書きましょう。

一つ5点【60点】

① □□《とちぎ》のいちご。

② □□《なら》の大仏《だいぶつ》。

③ □□《やまなし》のぶどう。

④ □□《とやま》県の漁港《ぎょこう》。

⑤ □□《ふきょう》な国家。

⑥ □□《とちぎ》県の友達《ともだち》。

⑦ □□□《おおさかふ》の地図。

⑧ □□□□《ならこうえん》の鹿《しか》。

⑨ □□《ようなし》のケーキを食べる。

⑩ □□□《かながわ》県の港を調べる。

⑪ □□□《おおさかじょう》を見学する。

⑫ 便《たよ》りを出したのに□《なし》のつぶてだ。

＊なしのつぶて…全く何の返事もないこと。

⑤「ふきょう」は、国などがゆたかで、いきおいがあるという意味だよ。

クイズ

画数のいちばん多い漢字はどれかな？

① 栃　② 阪　③ 奈

答え ▶ 111ページ

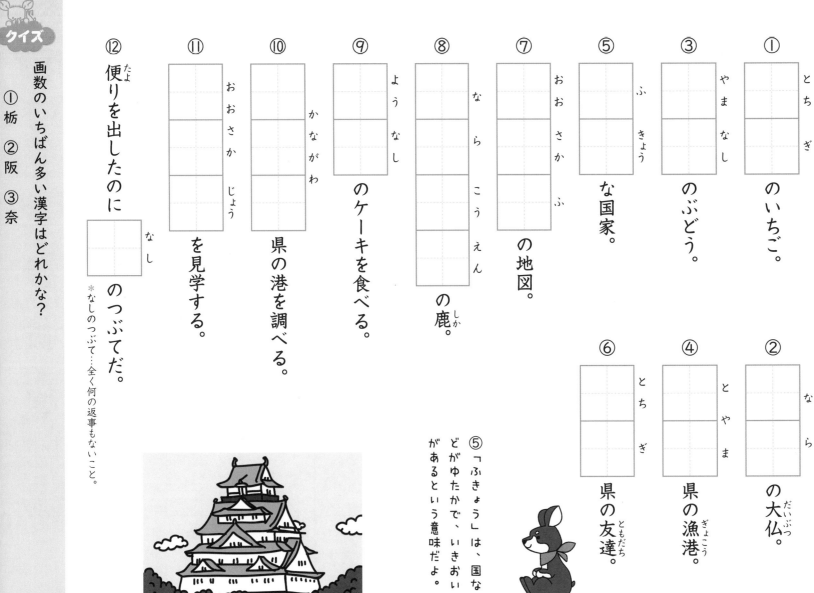

48 かくにんテスト⑦

名前

目標《もくひょう》 15分

月　日

とく点　　点

1 □にあてはまる漢字を書きましょう。

一つ4点【40点】

① □□《いばらき》県

② □□《ふくおか》県

③ □□《えひめ》県

④ □□《さいたま》県

⑤ □□《しが》県

⑥ □□《とちぎ》県

⑦ □□《ぎふ》県

⑧ □□《やまなし》県

⑨ □□□《かながわ》県

⑩ □□《おおさか》府《ふ》

2 ——線の言葉を、漢字とひらがなで（　）に書きましょう。

一つ4点【8点】

① 海は水産《すいさん》しげんに<u>とんで</u>いる。　（　　）

② ありが、さとうに<u>むらがる</u>。　（　　）

3 ——線の、漢字の読みがなを書きましょう。

一つ3点【12点】

① 城下町（　　）

お城（　　）のあと。

② 鹿児島県（　　）

奈良《なら》公園の鹿（　　）。

4 ——線の、漢字の読みがなを書きましょう。

一つ2点【16点】

① 新潟県（　　）

② 長崎県（　　）

③ 佐賀県（　　）

④ 福井県（　　）

⑤ 熊本県（　　）

⑥ 沖縄県（　　）

⑦ 香川県（　　）

⑧ 徳島県（　　）

5 □に、同じ読み方で意味のちがう漢字を書きましょう。

一つ4点【24点】

①

□《ぐん》隊《たい》をひきいる。

市部と□《ぐん》部。

鳥の大□《ぐん》。

②

岐《ぎ》□《ふ》駅に着く。

豊《ほう》□《ふ》な飲み水。

世界の□《ふ》思《し》議《ぎ》。

答え ▶ 111ページ

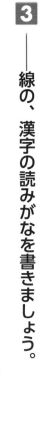

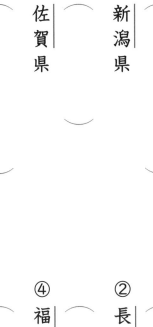

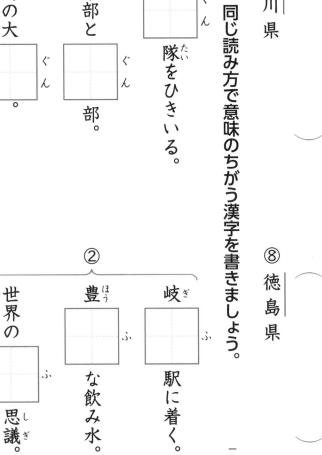

49 まとめテスト①

名前

目標《もくひょう》 15分

月　日

とく点　　点

1 ○の漢字と同じ音で、同じ部分をもつ漢字を書きましょう。

一つ2点【18点】

① 魚 ― □ 港

② 安 ― 図 □

③ 昭 ― □ 明

④ 福 ― □ 賞《しょう》

⑤ 府《ふ》 ― □ 近

⑥ 化 ― 金 □

⑦ 標《ひょう》 ― 投 □

⑧ 動 ― 労《ろう》 □

⑨ 反 ― タ □

2 同じ部分をもつ漢字（□）に注意して、漢字を書きましょう。

両方できて一つ3点【30点】

① □□（けっか） ― □□（かだい）

② □□（ちょくせん） ― □く（お）

③ □□（かんけい） ― □□（しそん）

④ □□（せいよう） ― □い（きよ）

⑤ □□（しんりょく） ― □□（ろくが）

⑥ □□（ざんねん） ― □い（あさ）

⑦ □□（たてもの） ― □□（けんこう）

⑧ □□（ていへん） ― □い（ひく）

⑨ □□（れっしゃ） ― □□（れいがい）

⑩ □□（めいれい） ― □える（ひ）

3 にた形の漢字（□）に注意して、漢字を書きましょう。

一つ2点【24点】

① きょうつう　へいたい

② べんり　しよう

③ しめい　みんげい

④ さんこう　ろうじん

⑤ みかんせい　ねんまつ

⑥ たんい　す

4 意味がにた漢字どうしの熟語《じゅくご》になるように、□から漢字を選《えら》んで書きましょう。（同じ漢字は二度つかえません。）

一つ2点【16点】

① □童

② □庫

③ □好《こう》

④ □料《りょう》

⑤ □服

⑥ 生□

⑦ □歩

⑧ □続《ぞく》

衣《い》　連《れん》　徒《と》　材《ざい》　産《さん》　児《じ》　倉《そう》　愛《あい》

5 次の言葉とにた意味の言葉を□からさがし、漢字で書きましょう。

一つ2点【12点】

① 去年

② 願望《がんぼう》

③ 進歩

④ 辞書《じしょ》

⑤ 家来

⑥ 時々

かしん・はったつ・じてん・ときおり・さくねん・きぼう

答え ▶ 111ページ

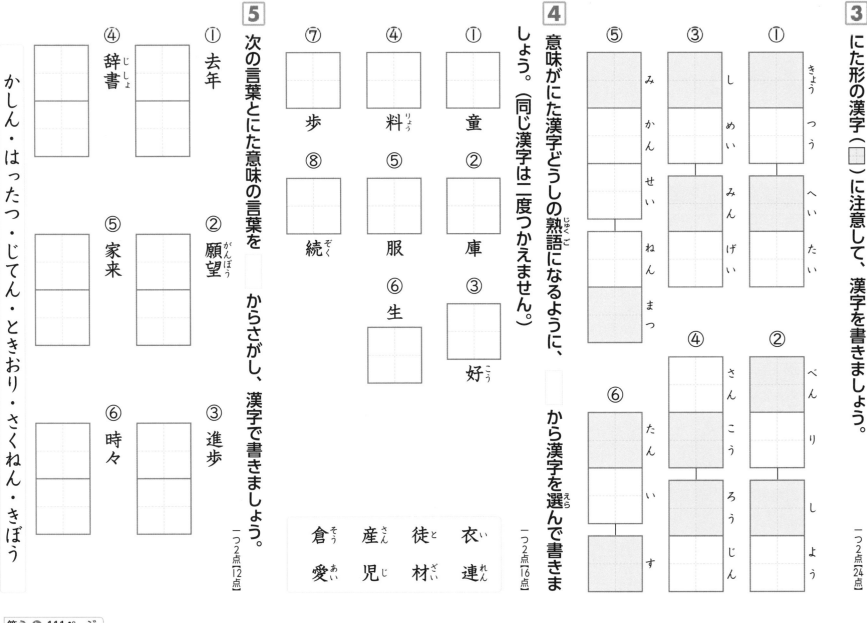

50 まとめテスト②

名前

目標《もくひょう》 15分

月　日

とく点　点

1 下の□から漢字を選《えら》んで、熟語《じゅくご》を完成《かんせい》させましょう。

一つ3点【18点】

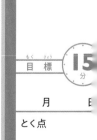

① 出□　② 集□　③ 高□

④ 動□　⑤ 音□　⑥ 勝□

敗《はい》　散《さん》　静《せい》　低《てい》　訓《くん》　欠《けつ》

2 次の言葉と、反対の意味になる言葉を、漢字で書きましょう。

一つ2点【22点】

① 泣《な》く ↔ □う

② 熱《あつ》い ↔ □たい

③ かす ↔ □りる

④ 入学 ↔ □□

⑤ 悪質《あくしつ》 ↔ □質

⑥ 人工 ↔ □□

⑦ 満足《まんぞく》 ↔ □□

⑧ 最後《さいご》 ↔ □□

⑨ 失敗《しっぱい》 ↔ □□

⑩ 悲観《ひかん》 ↔ □□

⑪ 消極的《しょうきょくてき》 ↔ □□□

3 次の部首と、□の中の漢字を組み合わせた漢字を、二つずつ書きましょう。 一つ2点【20点】

① 糸　② 亻　③ 氵　④ 木　⑤ 禾

意	青	売	重	才
公	中	少	去	合

4 ——線は漢字で、〰〰線は漢字と送りがなで書きましょう。 一つ2点【24点】

① ドリョクが実をムスブ。
② セツメイをハブク。
③ ギインをエラブ。
④ ジッケンをココロミル。
⑤ キセツの行事をツタエル。
⑥ センソウ反対をトナエル。

5 □に、共通《きょうつう》する部首を書きたして、漢字を完成させましょう。 両方できて一つ4点【16点】

① 別—寺　文—場
② 街《がい》—丁　尭—け
③ 調—川　親—米
④ 野—采　発—牙

答え ▶ 111ページ

答えとアドバイス

▼まちがえた問題は、もう一度やり直しましょう。
▼アドバイスを読んで、参考《さんこう》にしてください。

1 良・好・笑・泣 5～6ページ

1 ①良好 ②良 ③良 ④好 ⑤好 ⑥大好 ⑦大笑 ⑧笑 ⑨泣 ⑩泣

2 ①好感 ②泣 ③最良 ④仲良 ⑤笑 ⑥好意 ⑦泣 ⑧良薬 ⑨好物 ⑩良心

3 ①笑う ②好み

クイズ ②

2 成・功・失・敗・求 7～8ページ

1 ①成 ②成 ③功 ④成功 ⑤失点 ⑥見失 ⑦勝敗 ⑧全敗 ⑨求人 ⑩求

2 ①要求 ②大敗 ③完成 ④成分 ⑤失礼 ⑥敗者 ⑦失敗 ⑧功

3 ①敗れる ②成り立ち ③失う ④追い求める

クイズ ①

アドバイス 2の⑤⑦、3の③「失」を、形のにている「矢」とまちがえないようにしましょう。

3 冷・静・信・仲・共 9～10ページ

1 ①冷水 ②冷 ③静電気 ④静物画 ⑤通信 ⑥自信 ⑦仲直 ⑧仲間 ⑨共通 ⑩共

2 ①公共 ②仲良 ③冷 ④送信 ⑤冷静 ⑥共 ⑦信 ⑧安静 ⑨静止

3 ①冷たい ②冷める ③静かな

クイズ ②

アドバイス 2の③⑤、3の①②「冷」の部首は「冫（にすい）」です。「氵（さんずい）」としないように注意しましょう。

4 希・望・念・願・愛 11～12ページ

1 ①希望 ②望遠 ③望 ④高望 ⑤念 ⑥念力 ⑦悲願 ⑧願 ⑨愛 ⑩愛

2 ①記念 ②愛犬 ③希望 ④残念 ⑤念願 ⑥願書 ⑦願望 ⑧古希 ⑨失望 ⑩希少

3 ①望む ②願う

クイズ ①

5 夫・老・孫・博 13～14ページ

1 ①水夫 ②農夫 ③夫 ④老後 ⑤老人 ⑥年老 ⑦子孫 ⑧孫 ⑨博物館 ⑩博

2 ①老化 ②老 ③老 ④博 ⑤漁夫 ⑥長老 ⑦子孫 ⑧博愛 ⑨初孫 ⑩博学 ⑪孫子 ⑫夫人

クイズ ①

6 児・徒・席・順・札 15～16ページ

1 ①育児 ②児童 ③生徒 ④徒 ⑤客席 ⑥出席 ⑦順番 ⑧道順 ⑨札 ⑩札

2 ①席順 ②徒歩 ③児童館 ④園児 ⑤指定席 ⑥名札 ⑦表札 ⑧筆順 ⑨着席 ⑩空席 ⑪手順 ⑫順調

クイズ ②

7 かくにんテスト① 17～18ページ

1 ①良好 ②席順 ③希求 ④博 ⑤信念 ⑥冷 ⑦夫 ⑧老後 ⑨共感 ⑩徒労

2 ①静まる ②仲立ち

3 ①あいどくしょ ②まご ③な ④にがわら ⑤じ ⑥しんよう

4 ①せんえんさつ・ふだ ②がんぼう・のぞ ③しつぎょう・みうしな ④はいぼく・やぶ

5 ①好・功 ②静・成

アドバイス 1 ③「希求」の「求」を使った「追求《ついきゅう》」も覚《おぼ》えましょう。このとき「追究」と混同《こんどう》しないようにしましょう。

8 単・位・径・覚・例 19～20ページ

1 ①単 ②単元 ③順位 ④位取 ⑤直径
⑥半径 ⑦自覚 ⑧見覚 ⑨例題 ⑩例年

2 ①単調 ②感覚 ③単位 ④例文 ⑤方位
⑥位置 ⑦用例 ⑧味覚 ⑨口径

3 ①覚める ②例える ③覚える

クイズ ①

アドバイス 2の②⑧、3の①③「覚」の四つの読み方のうち、三つの訓《くん》は送りがなのちがいで読み分けましょう。

9 祝・辞・典・訓・英 21～22ページ

1 ①祝日 ②祝 ③辞典 ④辞書 ⑤古典
⑥事典 ⑦訓練 ⑧訓 ⑨英会話 ⑩英字

2 ①英語 ②祝 ③訓読 ④英文 ⑤辞
⑥辞表 ⑦祭典 ⑧祝電 ⑨教訓 ⑩式典
⑪祝賀会 ⑫典

クイズ ①

10 結・果・観・察・完 23～24ページ

1 ①結局 ②結 ③果肉 ④果 ⑤観客
⑥観光地 ⑦察 ⑧察 ⑨完全 ⑩完成

2 ①結 ②察知 ③観戦 ④果 ⑤参観
⑥結果 ⑦成果 ⑧完走 ⑨考察

3 ①果たす ②結ぶ ③果てる

クイズ ②

11 試・験・器・機・械 25～26ページ

1 ①試合 ②試着 ③受験 ④体験 ⑤消火器
（消化器） ⑥食器 ⑦機 ⑧機 ⑨機械化
⑩器械

2 ①試食 ②試運転 ③機会 ④機械 ⑤試作
⑥実験 ⑦器械 ⑧機転 ⑨験 ⑩器用
⑪器官 ⑫器具

クイズ ③

アドバイス 2③「機会《きかい》」、④「機械《きかい》」、⑦「器械《きかい》」は特《とく》に混同《こんどう》しやすいので注意しましょう。

12 給・課・唱・芸・卒 27～28ページ

1 ①給油 ②給 ③日課 ④放課後 ⑤暗唱
⑥唱 ⑦芸 ⑧芸 ⑨卒園 ⑩卒業式

2 ①課外 ②唱 ③学芸会 ④合唱 ⑤課題曲
⑥曲芸 ⑦卒業生 ⑧自給自足 ⑨新卒
⑩給食 ⑪唱 ⑫配給

クイズ ③

アドバイス 2②「唱《とな》える」は送りがなに注意しましょう。⑤「課題曲《かだいきょく》」を「科題曲」と書きまちがえないようにしましょう。

13 固・約・束・必・要 29～30ページ

1 ①固形 ②固定 ③約 ④予約 ⑤約束
⑥花束 ⑦必勝 ⑧必要 ⑨重要 ⑩要求

2 ①要約 ②約一時間 ③一束 ④必死
⑤強固 ⑥必読 ⑦固有 ⑧要注意 ⑨要

3 ①固める ②必ず ③固い

クイズ ③

アドバイス 2⑦「固有《こゆう》」は「そのものだけが特別《とくべつ》にもっていること」という意味です。

14 かくにんテスト② 31～32ページ

1 ①祝辞 ②機械 ③観察 ④結束
⑤漢字辞典 ⑥必要 ⑦試験 ⑧月給
⑨課題 ⑩約 ⑪直径 ⑫固

2 ①覚ます ②試みる

3 ①れいがい・たと ②いちい・くらい
③かじつしゅ・は ④にじゅうしょう・とな

4 ①かくん ②かんけつ ③げいにん
④えいたんご ⑤がっきてん ⑥そつぎょう
⑦みんげい ⑧にゅうし ⑨たんこうぼん

アドバイス 3①「例」②「位」の部首は「亻（にんべん）」です。部首がにんべんの漢字の多くは、人の行動やせいしつに関係《かんけい》があります。「住」「仕」「係」「使」「仲」などがその例《れい》です。

15 松・梅・芽・菜・種 33～34ページ

1 ①松林 ②松 ③梅林 ④梅 ⑤発芽 ⑥芽生 ⑦白菜 ⑧菜 ⑨人種 ⑩火種

2 ①品種 ②松葉 ③梅雨 ④梅酒 ⑤松 ⑥新芽 ⑦野菜 ⑧菜園 ⑨種目 ⑩松竹梅 ⑪菜種油 ⑫芽

クイズ ②（「ひだね」と読みます。）

アドバイス **2** ⑥「新芽《しんめ》」を「新目」と書きまちがえないようにしましょう。

16 牧・産・害・陸・漁 35～36ページ

1 ①牧 ②牧草 ③産 ④産業 ⑤公害 ⑥害 ⑦着陸 ⑧陸地 ⑨漁業 ⑩漁

2 ①漁 ②有害 ③害虫 ④漁港 ⑤産 ⑥大陸 ⑦国産 ⑧放牧 ⑨牧場 ⑩産地 ⑪大漁 ⑫上陸

クイズ ②（「りょうし」と読みます。）

アドバイス **2** ①④⑪「漁」は、「リョウ」と「ギョ」を使い分けられるようにしましょう。

17 季・節・候・照・焼 37～38ページ

1 ①季語 ②四季 ③季節 ④節目 ⑤天候 ⑥立候 ⑦照明 ⑧照 ⑨焼 ⑩夕焼

2 ①調節 ②目玉焼 ③時候 ④夏季（夏期） ⑤気候 ⑥節 ⑦日照 ⑧節分 ⑨照明 ⑩冬季

3 ①照らす ②焼ける

クイズ ①（②「ふし」は訓読《くんよ》みです。）

18 治・浴・然・散・熱 39～40ページ

1 ①治 ②治安 ③浴室 ④水浴 ⑤自然 ⑥天然 ⑦散歩 ⑧散 ⑨熱中 ⑩平熱

2 ①天然 ②海水浴 ③治水 ④治 ⑤整然 ⑥熱心 ⑦熱 ⑧分散 ⑨治

3 ①散らかす ②治まる ③浴びる

クイズ ③

アドバイス **2**の④、**3**の②「治」の訓《くん》の読み分けは、送りがなではんだんしましょう。 **2** ⑦「熱《あつ》い」と、気温の高さを表す「暑い」との使い分けに注意しましょう。

19 不・未・末・無・欠 41～42ページ

1 ①不安 ②不気味（無気味） ③未開 ④未来 ⑤年末 ⑥末 ⑦無理 ⑧無事 ⑨欠席 ⑩欠

2 ①無人島 ②未満 ③後始末 ④結末 ⑤欠場 ⑥不足 ⑦欠点 ⑧不用心（無用心） ⑨欠 ⑩無礼 ⑪未完成 ⑫不注意

クイズ ①

アドバイス **2** ①⑩「無」の音読みは、言葉により「ム」「ブ」と読み分けます。⑥⑧⑫の「不」も、言葉により「フ」「ブ」と読み分けます。

20 包・帯・衣・類・鏡 43～44ページ

1 ①包帯 ②小包 ③温帯 ④帯 ⑤衣食住 ⑥白衣 ⑦種類 ⑧人類 ⑨三面鏡 ⑩手鏡

2 ①書類 ②類 ③帯 ④緑地帯 ⑤望遠鏡 ⑥衣類 ⑦衣料品 ⑧包丁 ⑨鏡開 ⑩包

3 ①包む ②帯びる

クイズ ③

アドバイス **1** ⑤「衣食住《いしょくじゅう》」は、「着る物と、食べる物と、住む所。人間のくらしに最《もっと》も必要《ひつよう》なもの」という意味です。

21 かくにんテスト③ 45～46ページ

1 ①芽生 ②無害 ③節 ④候 ⑤生産 ⑥朝焼 ⑦種類 ⑧季節 ⑨高熱 ⑩出欠 ⑪衣服 ⑫鏡

2 ①照れる ②散らかる

3 ①にゅうばい・うめみ ②ぎょそん・ふりょう

4 ①浴・治 ②未知・末

5 ①まつ ②さんさい ③ゆうぼく ④りくじょう ⑤とうぜん ⑥ほうたい ⑦ふじゆう ⑧しょうかい

22 栄・養・健・康・満 47～48ページ

1 ①栄光 ②栄養 ③休養 ④養育 ⑤健全 ⑥健 ⑦健康 ⑧健康 ⑨満員 ⑩満

2 ①養分 ②光栄 ③栄養 ④小康 ⑤満点 ⑥静養 ⑦健康的 ⑧健 ⑨強健

3 ①満ちる ②養う ③栄える

クイズ ②

アドバイス **2** ⑦⑧⑨「健」は「建」と同音で、形もにているので、区別《くべつ》して覚《おぼ》えましょう。

23 材・料・塩・飯・量 49～50ページ

1 ①教材 ②取材 ③食料 ④料理 ⑤食塩 ⑥塩味 ⑦赤飯 ⑧昼飯 ⑨少量 ⑩分量

2 ①夕飯 ②重量 ③有料 ④塩気 ⑤量 ⑥材木 ⑦塩分 ⑧音量 ⑨料金 ⑩量 ⑪題材 ⑫朝飯前

クイズ ③（「料」と「科」は、にているので注意。）

アドバイス **2** ⑤「量《はか》る」は、重さ・分量《ぶんりょう》・容量《ようりょう》などを調べるときに使うということを覚《おぼ》えましょう。

24 街・灯・周・辺・置 51～52ページ

1 ①市街地 ②街角 ③灯台 ④灯油 ⑤十周年 ⑥周辺 ⑦辺 ⑧岸辺 ⑨位置 ⑩置

2 ①電灯 ②海辺 ③放置 ④一周 ⑤周期 ⑥商店街 ⑦消灯 ⑧物置 ⑨街路 ⑩水辺

3 ①周り ②辺り

クイズ ③（①「街灯《がいとう》」は道路を照《て》らす電灯《でんとう》です。）

アドバイス **3** ①「周《まわ》り」は、「そのものを取りまいている外側《そとがわ》の所」のこと。「回り」とまちがえないように意味を理解《りかい》して使い分けましょう。

25 氏・低・底・便・利 53～54ページ

1 ①氏名 ②氏 ③低 ④低空 ⑤地底 ⑥底力 ⑦不便 ⑧便 ⑨勝利 ⑩利用

2 ①便利 ②海底 ③底面 ④氏族 ⑤花便 ⑥底 ⑦低音 ⑧便 ⑨氏 ⑩利発 ⑪底冷 ⑫低下

クイズ ②

26 以・浅・残・昨・側 55～56ページ

1 ①以前 ②以内 ③浅 ④浅緑 ⑤残念 ⑥残 ⑦昨年 ⑧昨夜 ⑨左側 ⑩両側

2 ①昨日 ②以来 ③右側 ④浅黒 ⑤遠浅 ⑥残業 ⑦残暑 ⑧一昨日 ⑨側面 ⑩以外

3 ①浅い ②残す

クイズ ①

アドバイス **2** ⑩「以外《いがい》」は、「意外」と区別《くべつ》しましょう。

27 競・争・戦・飛・折 57～58ページ

1 ①競 ②競馬 ③戦争 ④争 ⑤作戦 ⑥戦 ⑦飛行船 ⑧飛 ⑨右折 ⑩時折

2 ①競泳 ②飛行機 ③折 ④戦力 ⑤飛 ⑥雪合戦 ⑦折 ⑧競走 ⑨競争

3 ①折れる ②戦う ③争う

クイズ ②

アドバイス **2** ⑧「競走《きょうそう》」は、かけっこのことです。⑨「競争《きょうそう》」は、走ること以外《いがい》で勝敗《しょうはい》を争《あらそ》うことです。混同《こんどう》しやすいので、意味のちがいをきちんと理解《りかい》しましょう。

28 かくにんテスト④ 59～60ページ

1 ①栄養 ②材料 ③健康 ④氏名 ⑤配置 ⑥残金 ⑦以上 ⑧戦争 ⑨飛来 ⑩周辺

2 ①浅い ②低い

3 ①しょくえんすい・しおみず（えんすい） ②させつ・おりおり

4 ①せきはん ②べんり ③み ④いっさくねん ⑤けいりょう ⑥そっきん ⑦きょうほ ⑧ふまん

5 ①街頭・街灯（外灯） ②低・底

29 副・差・億・兆・貨 61～62ページ

1 ①副会長 ②副 ③時差 ④差 ⑤億万 ⑥二億年 ⑦三兆円 ⑧前兆 ⑨金貨 ⑩貨

2 ①一億 ②副作用 ③二兆 ④三億円 ⑤貨物列車 ⑥大差 ⑦差 ⑧予兆 ⑨百貨店 ⑩副委員長 ⑪通貨 ⑫交差点

クイズ ②

アドバイス 2 ⑦「差《さ》す」は、「方向などをしめす」意味の「指す」との使い分けに注意しましょう。

30 各・郡・府・省・関 63～64ページ

1 ①各種 ②各地 ③郡 ④郡部 ⑤府 ⑥府 ⑦反省 ⑧省 ⑨関東 ⑩関所

2 ①各自 ②都道府県 ③各国 ④帰省 ⑤府知事 ⑥府立 ⑦郡 ⑧関係 ⑨省力化 ⑩関心

3 ①省く ②関わる

クイズ ②（「関」は「せき」の訓読《くんよ》みがあります。）

アドバイス 2 ⑩「関心《かんしん》」を、「りっぱなことや行いに対して深く心を動かされること」の「感心」と混同《こんどう》しないように、意味のちがいで正しく使い分けましょう。

31 建・倉・景・巣 65～66ページ

1 ①建 ②建 ③建物 ④倉庫 ⑤米倉 ⑥景品 ⑦景 ⑧風景 ⑨巣 ⑩古巣

2 ①遠景 ②建 ③巣箱 ④巣 ⑤酒倉 ⑥二階建 ⑦建 ⑧倉地帯 ⑨巣立 ⑩光景 ⑪夜景 ⑫建国記念

クイズ ③

アドバイス 2 ⑥「建《だ》て」⑦「建《た》てる」を「立て」「立てる」と混同《こんどう》しないようにしましょう。

32 最・初・連・続・借 67～68ページ

1 ①最後 ②最年少 ③最初 ④初雪 ⑤連休 ⑥連 ⑦続 ⑧手続 ⑨借金 ⑩借

2 ①最新 ②初 ③連勝 ④借家 ⑤前借 ⑥初日 ⑦続行 ⑧最 ⑨最終回

3 ①連なる ②続ける ③借りる

クイズ ②

33 積・極・的・案・司 69～70ページ

1 ①面積 ②山積 ③南極 ④北極星 ⑤理想的 ⑥的外 ⑦案 ⑧答案 ⑨司会 ⑩司祭

2 ①図案 ②司会 ③極度 ④積 ⑤案内 ⑥的 ⑦的中 ⑧行司 ⑨積雪 ⑩積極的 ⑪具体的 ⑫極力

クイズ ③

アドバイス 2 ②⑧「司」は、形がにている「同」とまちがえないように字形を正しく覚《おぼ》えましょう。

34 特・別・参・加・清 71～72ページ

1 ①特 ②特定 ③区別 ④別 ⑤参観 ⑥宮参 ⑦参加 ⑧追加 ⑨清 ⑩清書

2 ①種類別 ②清流 ③清 ④別人 ⑤参 ⑥加 ⑦特集 ⑧加工 ⑨参考書

3 ①清まる ②加える ③別れる

クイズ ③

アドバイス 3 ③「別《わか》れる」は「分かれる」と混同《こんどう》しないように意味のちがいを覚《おぼ》えましょう。人以外《いがい》のものの場合は「分かれる」を使います。

35 かくにんテスト⑤ 73～74ページ

1 ①差別 ②一兆 ③副題 ④銀貨 ⑤二億年 ⑥郡部 ⑦各所 ⑧連続 ⑨大関 ⑩積

2 ①建つ ②積む ③清める

3 ①しゃくよう・か ②はんせい・もんぶかがくしょう ③さんか・くわ ④とくべつ・わか

4 ①ふうけい ②さいしょ ③めいあん ④せっきょくてき ⑤そうこ ⑥す ⑦ふ ⑧ししょ

36 改・変・付・印・刷 75〜76ページ

1 ①改 ②改良 ③大変 ④変 ⑤送付 ⑥気付 ⑦印 ⑧目印 ⑨印刷 ⑩刷

2 ①改札 ②付近 ③変化 ④付 ⑤消印 ⑥矢印 ⑦改 ⑧刷新 ⑨刷

3 ①改める ②変わる ③付ける

クイズ ②

アドバイス

3 ①「改める」は、「改る」や「新める」としないように注意しましょう。②「変《か》わる」は「代わる」とまちがえないように意味を理解《りかい》して使い分けましょう。それぞれ「変化《へんか》」や「代理」などの言葉に置《お》きかえて考えましょう。

37 伝・達・議・録・標 77〜78ページ

1 ①伝言 ②伝 ③上達 ④速達 ⑤会議 ⑥議長 ⑦録 ⑧記録 ⑨標 ⑩標本

2 ①駅伝 ②配達 ③標的 ④付録 ⑤達人 ⑥目標 ⑦議員 ⑧伝 ⑨議題 ⑩登録 ⑪伝記 ⑫不思議

クイズ ③

アドバイス

2 ②⑤「達」の「幸」の部分を、「幸」と書くまちがいが多いので注意しましょう。

38 勇・努・労・働・協 79〜80ページ

1 ①勇 ②勇 ③努力 ④努力 ⑤労力 ⑥苦労 ⑦労働 ⑧働 ⑨協調 ⑩協同

2 ①勇気 ②実働 ③協力 ④労 ⑤労 ⑥協会 ⑦努力家 ⑧協議 ⑨重労働

3 ①勇ましい ②努める ③働く

クイズ ①（協の部首は「十・じゅう」です。）

アドバイス

3 ①「勇ましい」は、「勇しい」とするまちがいが多いので、注意しましょう。

39 選・挙・説・管・官 81〜82ページ

1 ①選手 ②予選 ③挙 ④選挙 ⑤説 ⑥伝説 ⑦管理 ⑧血管 ⑨察官 ⑩官

2 ①挙手 ②小説 ③当選 ④説明 ⑤説 ⑥列挙 ⑦管 ⑧教官 ⑨外交官 ⑩管楽器

3 ①選ぶ ②挙げる

クイズ ②

アドバイス

2 ⑤「説《と》く」は「よくわかるように話す」の意味です。

3 ②「挙《あ》げる」は「上げる」との使い分けに注意しましょう。ここでは、「挙式《きょしき》」という言葉といっしょに覚《おぼ》えましょう。

40 法・令・民・臣・票 83〜84ページ

1 ①方法 ②法 ③命令 ④年令 ⑤住民 ⑥民間 ⑦家臣 ⑧大臣 ⑨伝票 ⑩票

2 ①作法 ②国民 ③法令 ④投票 ⑤文法 ⑥号令 ⑦民宿 ⑧重臣 ⑨大臣 ⑩令和 ⑪開票 ⑫市民

クイズ ③

41 軍・兵・隊・旗・輪 85〜86ページ

1 ①海軍 ②軍人 ③兵 ④兵力 ⑤軍隊 ⑥隊員 ⑦国旗 ⑧手旗 ⑨車輪 ⑩首輪

2 ①旗 ②隊列 ③兵器 ④兵隊 ⑤軍配 ⑥兵庫県 ⑦一輪 ⑧旗手 ⑨軍記 ⑩指輪 ⑪音楽隊 ⑫旗

クイズ ②（隊「タイ」の読みは音読みです。）

42 かくにんテスト⑥ 87〜88ページ

1 ①発達 ②協同 ③印刷 ④選挙 ⑤労働 ⑥年輪 ⑦公民館 ⑧決議 ⑨大臣 ⑩校旗

2 ①伝える ②改まる

3 ①へんしん・か ②ゆうしゃ・いさ

4 ①りきせつ ②たいぐん ③ふろく ④きょへい ⑤どりょく ⑥たいちょう ⑦ほうれい ⑧りんしょう

5 ①票・標 ②気管・器官

アドバイス

5 ②「気管《きかん》」と「器官《きかん》」は、読みも同じで「かん」の形もにているので、例文《れいぶん》でしっかり覚《おぼ》えましょう。